AF276453

MEMORIAS
DE UNA LUCHADORA
La huelga de las "niñas" de Induyco

MARÍA JOSÉ GALLEGO

MEMORIAS
DE UNA LUCHADORA
La huelga de las "niñas" de Induyco

GARAJE

© María José Gallego & El Garaje Ediciones S.L.
1ª Edición: diciembre 2024
Fotografías cedidas por la autora y por el periódico HOY de Badajoz
Diseño y maquetación: Josu Gastón

EL GARAJE EDICIONES S.L.
C/ Cacereños 54, local 4. 28021 Madrid
Tlfs: 917986911 / 600241668
info@elgarajeediciones.com
www.elgarajeediciones.com

ISBN: 978-84-129036-4-5
Depósito Legal: M-26831-2024
Imprime: SAFEKAT
Printed in Spain

Introducción

Iñaki Alrui

«Luchar», la palabra que han querido borrar de la transición.

Tienes en tus manos un valioso relato de la lucha de las mujeres trabajadoras durante los años de la llamada transición, una lucha que va unida a toda una rebelión del movimiento obrero de los años setenta. Un relato personal de María José Gallego Martín, trabajadora, sindicalista y represaliada de Induyco.

La democracia —mejor o peor— que tenemos no la trajeron los papaítos de la Constitución del 78, ni los falangistas que de repente vieron la luz y se hicieron demócratas. La democracia, o mejor llamémoslo el *forzoso cambio,* vino de las luchas que se dieron en el tardofranquismo, a pesar de la feroz represión; hasta el último minuto, se dieron en las calles, en los centros de trabajo, en las universidades, en los barrios. Unas fueron luchas cara a cara con la represión, otras fueron expresiones, también castigadas y perseguidas, en el cine, el teatro, la música y la literatura. Una mayoría ciudadana tomaba una posición clara contra el franquismo, y una parte de forma muy activa. La palabra "ruptura" sonaba con fuerza. En los barrios se luchaba por unas viviendas dignas o por el asfaltado de las calles, los barrios periféricos se han construido desde la base de la movilización constante del movimiento vecinal, que ocupó las calles ganándose a pulso cada conquista, cada mejora.

Después de cuarenta años de criminal dictadura se abrieron los años de tránsito, la llamada transición, un falso camino hacia la democracia organizado por los mismos poderes e instituciones que eran la base del franquismo: judicial, militar, policial y económico. Para ello les basto con hacer un trampantojo en la fachada, pero la estructura la mantuvieron intacta y poco a poco crearon una estructura aparentemente legal que va desde la Ley de Reforma Política de 1976 hasta la Constitución de 1978, asentándolo todo la farsa del autogolpe del 23 de febrero de 1981. Una herencia de la dictadura que llega hasta nuestros días.

El "atado y bien atado" del franquismo estuvo en esos primeros años de transición en más de una ocasión "contra las cuerdas", como en los mencionados años del tardofranquismo, la represión y la sangre, tristemente, no dejaron de correr en la segunda mitad de los setenta: las mismas instituciones, los mismos jueces, la misma policía, los mismos métodos frente a las luchas obreras, estudiantiles y vecinales que se daban todos los días en las fábricas, en las Universidades y en las calles. El régimen naciente impuso su democracia a punta de pistola, las cerca de 300 personas asesinadas por la policía o bandas parapoliciales lo atestiguan. Asesinadas por luchar, una palabra que es el horizonte en este libro. Lucha por la Amnistía, contra la Reforma política, lucha por el agua, por la tierra, por los derechos.

Sirva como ejemplo, y recuerdo, el asesinato del trabajador Teófilo del Valle, que con solo veinte años se convirtió en el primer asesinado de la monarquía, el 24 de febrero 1976; era un trabajador del calzado que participaba en la huelga del sector en la localidad de Elda. Él será la continuación de una larga lista de crímenes del franquismo que empalma directamente con los crímenes de la transición.

Es importante recordar que se mataba por protestar, por manifestarse, por luchar. Que la policía apuntaba y disparaba, o mataban a palos como hicieron al joven Ángel Almazán (18 años). Y de apoyo para imponer la transición estaban todas las bandas parapoliciales, diluidas en un mar de siglas, que hacían el trabajo sucio del estado, ya fuera asesinando, reventando asambleas en la Universidad o saboteando la lucha obrera. Desde el estado nada se hacía con palabras, como nos han hecho creer: el lenguaje era el de la violencia constante contra cualquier disidencia.

Otro ejemplo de esa violencia de estado constante y organizada es la conocida como «Semana Negra de Madrid»: el 23 de enero fue asesinado Arturo Ruiz, de 19 años, por disparos de un esbirro parapolicial (Sánchez Guaza) durante una manifestación por la amnistía para los presos políticos. Al día siguiente, 24 de enero, Mariluz Nájera fue alcanzada en la cabeza por un bote de humo disparado a bocajarro por un policía nacional. La misma noche del 24 de enero, un comando de fascistas con conexiones policiales (Antonio González Pacheco, "Billy el Niño"), entró en el despacho laboralista de la calle Atocha 55 y asesinó a tiros a cinco personas: Enrique Valdevira, Luis Javier Benavides, Francisco Javier Sauquillo, Serafín Holgado y Ángel Rodríguez; dejando a cuatro personas gravemente heridas: Miguel Saravia, Alejandro Ruiz-Huerta, Luis Ramos y Lola González [1].

La transición se distinguió por continuar la persecución sistemática y organizada, continuación de los fusilamientos del 27 de septiembre de 1975, contra cualquier tipo de disidencia, una persecución que funcionó durante la dictadura y que se dirigió en especial contra la juventud que se manifestaba o se organizaba para conseguir la amnistía, los derechos políticos y sociales y la ruptura real con la dictadura.

Las luchas eran, y son, siempre políticas, independientemente del lugar o entorno en que se realicen. Las calles eran (son) la voz del pueblo y allí fue donde, en esa época que llaman transición, se dieron las batallas por la justicia social, por la ruptura política, en medio de un mar de utopías que se abría en el hartazgo de cuatro décadas de dictadura represiva y sangrienta.

El año 76 sería, sin lugar a dudas, el año de las huelgas: contra los topes salariales, contra la carestía de la vida, por la amnistía de presos políticos y represaliados laborales, por el regreso de los exiliados... 1586 huelgas registradas lo atestiguan[2]. De frente y con ilusión se afrontaba el reto de la autoorganización de la clase obrera en sus centros de trabajo y gremios, tomando las asambleas como base de decisión y debate, de forma horizontal y con voto a mano alzada.

En enero del 76 hay picos con 400.000 trabajadores simultáneamente en huelga en Madrid, y así sigue durante todo el año y parte del 77, hasta que comenzó la bajada en picado con la firma de los Pactos de la Moncloa (firmados en octubre de 1977, forman parte de la mencionada *estructura aparentemente legal*), un acuerdo para romper lo más importante que había creado el movimiento obrero: la autoorganización.

Las huelgas recorren todo el estado, de norte a sur y de este a oeste. Pero dado que este libro trata de una lucha en Madrid, merece la pena recordar las luchas obreras de Estándar Eléctrica, Siemens, CASA, Kelvinator, Intelsa, Telefónica, Correos, Renfe, el Metro de Madrid (que fue militarizado). Todos los cinturones industriales de la ciudad arden: Torrejón, Alcalá de Henares, San Sebastián de los Reyes, Alcorcón, Móstoles, Getafe...

En 1975, según datos recogidos por la investigadora Pilar Díaz[3]: "Poco menos de 4 millones de mujeres activas se dedicaban al sector servicios un 57%, a la agricultura el 38% y a la industria el 5%. Se puede decir que la mujer pasa de los trabajos domésticos al sector servicios, sin apenas tener incidencia en la industria [...] A pesar de ello en la industria la rama del textil-confección es la que mayor número de mujeres trabajadoras ocupa, en torno al 90% aproximadamente [...] Los salarios de la industria textil-confección eran los más bajos de toda la industria español"

Claramente la industria textil es un sector marcado por la presencia mayoritaria de mujeres, un sector que crece desde los años cincuenta, con grandes talleres de confección como Induyco (El Corte Inglés), Copelia (Galerías Preciados), Cortefiel, Puente, Santa Clara, Mirto, Timbal, Rock-Lee... Induyco (Industrias y Confecciones, S.A.) era la mayor empresa del textil madrileño, con 7000 personas trabajando, de las cuales unas 6000 eran mujeres.

En junio de 1976, Induyco despide a cuatro trabajadoras -tres mujeres y un hombre-, y lo hace precisamente quince minutos antes del inicio del periodo de vacaciones. Es la chispa que prende la primera huelga en el mes de agosto, en la que las trabajadoras conocen desalojos, maltrato policial, nuevos despidos, sanciones. La huelga dura del 27 de agosto hasta el 9 de septiembre, fecha en la que se atisban vías de solución al conflicto. La empresa acepta una comisión de cinco trabajadoras con voz, pero sin voto, y se consiguen ciertos espacios de libertad sindical, anulación de expedientes y vuelta al trabajo sin represalias.

En esa comisión es elegida la autora de este libro: María José Gallego Martín.

"La empresa «Induyco» ha pasado por los conflictos más largos y penosos del sector. En 1976 y 1977 se produjeron unas huelgas que tuvieron una gran repercusión en el conjunto de toda la clase obrera madrileña y gozaron de una gran resonancia en el período de la Transición democrática. Hubo despidos y recursos ante Magistratura de Trabajo, que dictó siempre a favor de la Empresa. Ésta respondió con cierres patronales y con la dispersión de la mano de obra que de alguna manera había participado en las huelgas, distribuyendo a las mujeres en diversos talleres de la Capital." [3]

Sin avances en las negociaciones patronal-trabajadoras, en febrero de 1977 se convoca otra huelga, del 8 al 11, pocos días después de los asesinatos a los abogados de Atocha. El día 8 de febrero las trabajadoras abandonan las máquinas: la huelga tiene un seguimiento masivo. Consigue saltar a titulares de prensa y adquirir en la lucha un protagonismo que tácitamente se negaba a las mujeres del textil frente a las movilizaciones obreras protagonizadas por hombres. Las trabajadoras muestran un altísimo nivel de valentía y de autoorganización, piquetes, asambleas, manifestaciones... El día 13 la empresa notifica por telegrama el despido de todas las trabajadoras y el 14 declara el cierre indefinido. La protesta y la lucha sigue, estudiantes de la Universidad organizan colectas y reparten comunicados, acuden a las concentraciones codo a codo con las trabajadoras, enseñándoles trucos como "lanzar garbanzos en las cargas policiales a caballo"; se organizaron recitales solidarios y centenares de apoyos fraternos. En marzo, la empresa suspende el cierre y el 24 de ese mes todas vuelven al trabajo.

¿Qué pasó? ¿Cómo se consiguió?

Para conocer esta historia, os presentamos este libro, una lectura llena de datos y detalles, una lectura para situarse y entender el porqué de la lucha y los conflictos de Induyco.

El hilo conductor son los recuerdos de María José que, aunque recogidos por escrito, son como un relato oral, una historia en primera persona construida con las vivencias del día a día. Un inventario de historias, hechos y anécdotas de esta representante de aquellas trabajadoras a quienes, por su juventud y en tono paternalista, llamaban "las niñas de Induyco".

María José nos escribe y nos habla al mismo tiempo, nos mete debajo de su piel para transmitirnos sus sensaciones, sus miedos, pero también su valor; nos pone sus ojos para que veamos una planta en asamblea y sepamos lo que es hablar subida a una máquina a miles de trabajadoras que te escuchan atentamente, para que sintamos cómo se acerca el cañón de agua de la policía o se percibe el impacto de la porra. María José nos hace recorrer las plantas de confección, nos mete en los despachos, nos sitúa de piquete a las puertas del edificio y nos saca en manifestación por el Paseo de las Delicias.

De la lectura de esta historia, de este ensayo, sacamos muchas lecciones de máxima actualidad. Si tuviera que quedarme con una de esas lecciones, sería la defensa de la *acción directa* como medio para caminar hacia las conquistas y hacer valer los derechos. ¡Con huelgas, manifestaciones y asambleas se consigue mucho más que con burocracias!

La lucha de las trabajadoras de Induyco dejó lecciones de vigencia incuestionable en la defensa de los derechos laborales, una lucha cara a cara contra El Corte Inglés.

Una historia para saber de dónde venimos, para entender dónde estamos y reflexionar sobre a dónde queremos ir.

Iñaki Alrui
editor del digital *LoQueSomos.org*,
un rincón de ciberperiodismo comprometido.

Notas:

1. La sombra de Franco en la Transición. Alfredo Grimaldos / Andreu García Ribera. El Garaje Ediciones. 2024.
2. TFG. El sindicalismo durante la transición democrática española. Paula Calvo Hidalgo. Universidad de Valladolid.
3. La lucha de las mujeres en el tardofranquismo: los barrios y las fábricas. Pilar Díaz. En red, Fundación Dialnet.

Sobre mí y sobre este libro

Mi nombre es Josefa Gallego Martín. Nací en Ahillones, Badajoz, de familia trabajadora. Cuando tenía diez años mi familia se trasladó a vivir a Madrid y, al igual que el resto de mis hermanos, a pesar de ser una niña, comencé a trabajar. Desde ese momento nunca más dejé de trabajar hasta cumplir la edad de jubilación.

Al llegar a Madrid y comenzar mi primer trabajo dejé de llamarme Josefa y me añadí Mari. Josefa era un nombre de pueblo y yo ya estaba en la capital. Así que, desde ese momento, comencé a ser Mari Jose hasta que, en Cuba, me pusieron Pepa.

Cada nombre tiene una época y una situación en mi vida. Bueno, me falta Jose, que es como me llama mi familia y "la gallego", que es como me llamaban en Induyco.

Pretendo contar mi experiencia en Induyco desde el año 1971, que comencé a trabajar, hasta 1982 que abandoné esta empresa.

El motivo de atreverme con este proyecto se debe a que, aún después de haber pasado tantos años, creo que esta huelga, de más de 7.000 mujeres jóvenes e inexpertas, ha sido la lucha de mujeres más importante de este país. De hecho, la prensa le dedicaba un seguimiento diario, los poderes públicos se preocuparon de recibirnos y reprimirnos a diario.

Cierto que algunos sindicatos han dedicado proyectos y entrevistas, intentando reflejar dichos acontecimientos. Sin embargo, creo que no ha sido suficientemente reivindicada, estudiada, ni valorada, y que no se ha hecho justicia a estas mujeres. Quizás sea por el hecho de ser mujeres, como suele suceder en este país en casi todos los hechos protagonizados por nosotras.

Los trabajadores en general, pero sobre todo las mujeres que hemos trabajado en Induyco en esos años, y que participamos activa o pasivamente en esta huelga, nunca volveríamos a ser las mismas. La organización de las mujeres de Induyco fue algo extraordinario.

Por la juventud de las trabajadoras, por la inexperiencia, por la falta de preparación intelectual, sindical y política y, quizás también, por el momento de transición política que vivía España. En esa época las mujeres seguíamos siendo las amas de casa, las hijas, hermanas, esposas o madres, sin que se nos reconociera como personas responsables y adultas con derechos y deberes. Aún faltaría tiempo para poder disponer de una cuenta corriente en el banco sin permiso del hombre de turno.

Esas niñas nos hicimos mayores y nunca más volvimos a ser las mujeres que el franquismo había devuelto a siglos pasados, tomando conciencia de clase y de género, cogiendo nuestros derechos sin pedir permiso, tomando conciencia, no solo como trabajadoras, también como mujeres libres e independientes, comenzando a ser y practicar el feminismo sin ni siquiera saberlo; lo hicimos como algo natural.

La gran mayoría de la plantilla, incluidas las y los encargados, no teníamos estudios; tampoco éstos eran expertos en su tarea, y menos en el textil, donde las mujeres éramos mayoría y ellos estaban acostumbrados a tratarnos como a seres inferiores y a su servicio. Nos llamaban "niñas" en plan paternalista, pero nos trataban como adultas y, desde luego, las que mostrábamos que no necesitábamos ser tuteladas, que nos revelábamos contra ese trato machista, entonces el trato cambiaba automáticamente. En cualquier caso, no nos tenían ningún respeto, y su comportamiento era insolente y vejatorio en la mayoría de los casos.

Cierto es que las tajadoras de Induyco éramos jóvenes, inexpertas e hijas del franquismo con lo que ello significaba. Prisioneras del miedo y del silencio de nuestros padres y familiares, que aún tenían en mente la gran tragedia sucedida en España, donde el franquismo había destinado a las mujeres al ostracismo, a la sumisión y al miedo. Este miedo a ser "señalada" reprimía cualquier intento de rebelión o de superación, pero nuestra juventud no nos impidió organizarnos y luchar por nuestros derechos, a veces a pesar de nuestros padres, novios o hermanos.

Quizás por tener que romper todas esas barreras, propias y ajenas, comenzamos nuestra andadura "revolucionaria" queriendo ser cautelosas, autónomas y libres, respetando la pluralidad, pero defendiendo la organización autónoma e independiente.

La llegada a Madrid

Llegué a Madrid con diez años para (como dicen ahora) la reagrupación familiar, pues mi padre y mis tres hermanos mayores vinieron un año antes. Mi hermana pequeña, mi madre y yo nos quedamos en el pueblo, hasta que mi abuela paterna murió, por ello nos vinimos al año siguiente. Mi familia estaba compuesta por siete miembros: cinco hermanos y mis padres. Los hermanos que me precedieron en la llegada a Madrid inmediatamente se pusieron a trabajar y por supuesto, a mí en cuanto llegué me buscaron un trabajo de criada, con un matrimonio de maestros franquistas (a los maestros republicanos los habían asesinado o inhabilitado). La pequeña tuvo más suerte que yo y pudo incorporarse a la escuela.

Mi experiencia laboral en Madrid fue muy extensa, recorriendo infinidad de trabajos y profesiones, pero yo no me conformaba con trabajar en cualquier cosa. Tenía mis aspiraciones profesionales, por lo que me despedía continuamente para seguir avanzando.

Mi verdadera vocación era la costura. Desde muy pequeña ya en mi pueblo practicaba esa afición. Mi madre tenía una máquina de coser y yo estaba siempre esperando a que ella se fuese a algún sitio para sentarme a coser. Como la máquina estaba detrás de la puerta de entrada podía estar alerta para que no me pillara cosiendo, claro que alguna vez terminaba con la aguja rota y me llevaba algún que otro cachete.

Lo que más me gustaba era hacer mis muñecas de trapo, vestirlas y pasearlas por el pueblo, quizás también porque en esa época en casa no era fácil tener otro tipo de muñecas o juguetes, como tenían otras niñas. En cualquier caso, yo iba tan orgullosa con mis muñecas de trapo con su pelo de lana y sus vestiditos hechos por mí. Aún ahora me sigue encantando hacer ropas de muñecas, incluso publicarlas en las redes sociales. En cuanto pude y me vi un poco capacitada para sentarme en una máquina industrial, comencé a buscar trabajo de costura. En ese momento (años 60-70) había infinidad de trabajos en talleres familiares pequeñitos, la mayoría clandestinos y con condiciones laborales penosas y un trato casi de esclavo.

Estos talleres pagaban una miseria y admitían a niñas que todavía teníamos edad de estar jugando, pero las necesidades y la situación económica y familiar de ese momento nos obligaban a trabajar, y en estos talleres encontrábamos la posibilidad como aprendizas. La edad no importaba y el salario tampoco, lo importante era aprender y llevar a casa algo de dinero.

En mi afán de convertirme en una buena profesional, seguí avanzando y buscando empresas más grandes y prestigiosas

Mi hermana mayor trabajaba en Triumph y conseguí que me admitieran como aprendiza. Las aprendizas lo que hacíamos era cortar los hilos de las prendas que hacían las oficialas y llevarles a las maquinistas lo que nos pidieran. Yo cuando tenía la más mínima oportunidad de ponerme en una máquina (bien a la hora del bocadillo o antes de la salida) me ponía a aprender y practicar hasta que conseguía realizar labores o tareas pequeñas. Mi meta era clara, conseguir incorporarme a esa empresa enorme donde se ganaba más dinero y trabajaba un montón de gente, todos los pasos los daba para poder cumplir esa ilusión: trabajar en Induyco.

Nacimiento y trayectoria de Induyco

Induyco, sin lugar a duda, era la mejor empresa del textil. Era filial de El Corte Inglés, lo que daba una categoría, los sueldos eran los más altos del sector (3.850 pesetas a la semana). En plena huelga del año 76 nos subieron a 4.786 pesetas. Las aprendizas ganaban 9.000 pesetas al mes. Era una fábrica enorme, la más grande de Madrid. En fin, eran todo ventajas.

Esta empresa fue creada en 1940 por Ramón Areces, con su tío César Rodríguez como socio y primer presidente del Corte Ingles con el objetivo de aprovisionar sus tiendas de ropa. Podemos decir entonces que era una empresa familiar.

César Rodríguez dejaría como sustituto a su sobrino Isidoro Álvarez. Desde entonces, la empresa siguió en manos del grupo familiar, siendo el "jefazo" general Ramón Areces y como director de los talleres de Induyco en el Corte Inglés y como director de los talleres Induyco, César Álvarez.

En los años setenta comenzó la expansión territorial y la incorporación de otros talleres, transformándose en uno de los principales grupos económicos españoles por volumen de ventas, y una de las empresas más grandes del textil.

Según la memoria del año 2006, llegó a tener diversidad de fábricas y talleres, incluidos un número importante de talleres pequeñitos en pueblos y barrios que, aun sin pertenecer a la empresa, trabajaban exclusivamente para ella y estaban ubicados no sólo por toda la Comunidad de Madrid también en otras comunidades, como Extremadura. En mi pueblo había una cooperativa que trabajaba para Induyco, cuando comenzó a llevarse los trabajos a Marruecos, la cooperativa tuvo que cerrar sus puertas dejando a un montan de trabajadores en paro.

Induyco Madrid se constituyó en 1949. El edificio tenía una superficie 125.343 m² y el número de trabajadores era de 2.276. En el resto de España, la empresa se dividía en:

- Sevilla, año de constitución 1955; número de trabajadores, 490.
- Confecciones Teruel, año de constitución 1975; número de trabajadores, 307.
- Cáceres, año de constitución 1976: número de trabajadores, 427.

A partir de marzo de 1977, con motivo de la represalia contra los trabajadores que se destacaron más específicamente en la organización de los trabajadores, como en la participación e implicación en las huelgas, amplió el número de talleres creando tres nuevos centros en los distritos de Moncloa (calle Aravaca), San Blas (calle Rufino González) y Carabanchel (Calle Valentín Llaguno).

Más de novecientos trabajadores serían repartidos en los tres nuevos centros de trabajo, creados expresamente para represaliar a esos trabajadores "revoltosos". Llegado un momento, al calor de la explotación salvaje (casi esclava) en países menos desarrollados, Induyco, como otras muchas empresas del textil, comenzó a desviar la producción hacia esos países, desapareciendo prácticamente casi toda la industria textil y su producción en España. Sería en el 2021 cuando INDUYCO S A. cerraría prácticamente todos los talleres, dejando únicamente un pequeño taller en la calle Tomas Breton, para modelos y firmas externas, con unas 1.000 trabajadoras.

En el año 1971, cuando yo me incorporé a trabajar, contaba con 8.000 trabajadores. Posteriormente, se haría una reducción de plantilla de 8.000 a 7.300. En Induyco Madrid llegaron a trabajar 14.000 personas, la mayoría mujeres y todas muy jóvenes, ya que las mujeres al casarse recibían la dote (indemnización por despido) y dejaban el trabajo para dedicarse a sus labores, siendo estas el cuidado del marido e hijos. No fue hasta el año 1961 cuando se autorizará a las mujeres casadas a seguir trabajando. Realmente esto lo que consiguió fue que las mujeres trabajaran en sus casas sin derechos y con una precariedad escandalosa, tenían que aportar sus máquinas de coser, de tricotar, sus planchas o lo que fuera necesario: al final estas mujeres se convirtieron en trabajadoras clandestinas. Costó tiempo para que la incorporación plena de las mujeres al mundo laboral fuese aceptada por los maridos y la sociedad en general.

Induyco era una empresa patriarcal y paternalista que tenía convenio propio, lo que dificultaba la participación de sus trabajadores en las reivindicaciones y las luchas del sector textil.

En Madrid, en los años 70, el sector textil, sobre todo en

empresas grandes y medianas (Santa Clara, Roc, Triumph, Copelia, Blanco, Quirós, Mirto, Confecciones Puente, etc.) se hacía huelga en apoyo del convenio colectivo del textil. En Confecciones Puente, las compañeras hicieron una huelga de casi dos meses; en Rok también realizaron una huelga importante.

Mientras, en Induyco despedían automáticamente a quien osara ni siquiera informar de lo que estaba sucediendo. Las trabajadoras tenían tanto pánico que cuando alguna compañera en la puerta nos decía que la habían despedido mirábamos para otro lado.

Las fábricas y los recursos que ofrecía a los trabajadores

La empresa ocupaba dos edificios de la calle Tomás Bretón, 61-62. La parte trasera del número 62 daba a la cárcel de mujeres de Yeserías; a veces las trabajadoras nos comunicábamos a voces a través de la tapia con las presas. También en la calle de Juan de Vera tenían un gran almacén.

En el número 62 (la que llamábamos fábrica "nueva") estaban las dependencias médicas y administrativas, dirección de la empresa, recursos humanos, gestoría, abogados, oficinas, club social, etc. La última planta estaba dedicada casi exclusivamente a la sección de corte. Las dependencias médicas ocupaban un gran espacio en una de las plantas del número 62. Contaba con médicos, practicantes, incluso aparatos para pruebas médicas, también en El Corte Inglés contaban con sus médicos compartidos con Induyco. Y lo que no se podía tratar en ninguno de estos centros era derivado al Hospital Fundación Jiménez Díaz, donde estaba el doctor Donato (también incluido en la nómina de Induyco).

La gestoría se encargaba de todas las gestiones administrativas de los trabajadores: renovación del documento de identidad, pasaportes, reclamaciones administrativas, juicios por accidentes o cualquier otro asunto. Yo misma tuve un accidente de coche en el 72 y no necesité ir a juicio; así, sin moverme de la empresa, me dieron la indemnización en mi puesto de trabajo.

El club social tenía equipos (creo recordar que de voleibol y fútbol) y las trabajadoras participaban en competiciones, desplazándose en transporte facilitado por la empresa.

Existía una asociación de ayuda a leprosos, donde las trabajadoras hacían voluntariado. También contábamos con un banco interno. Creo recordar que teníamos una cartilla y también una ficha, donde te anotaban los trabajos realizados y la cantidad económica a percibir, que te ingresaban en esa cartilla, tú nunca veías físicamente el dinero. Los trabajadores podíamos solicitar préstamos, como en cualquier banco abierto al público. También contábamos con un servicio de autocares con diferentes rutas que recorrían todos los barrios recogiendo a las trabajadoras.

Teníamos una tarjeta de compra de El Corte Inglés y un economato (en esos momentos muchas empresas contaban con economatos, muchas veces compartidos). La Fundación Ramón Areces tenía convenio con la Universidad Nacional de Educación a Distancia (UNED), donde los trabajadores podíamos acceder a estudios universitarios.

Las y los trabajadores de Induyco éramos muy jóvenes y algunas personas no tuvimos la oportunidad de realizar ni siquiera los estudios primarios. Por eso una de nuestras reivindicaciones fue que, a través de Radio Popular Enseñanza ECCA (que se emitía en directo por la COPE), la empresa facilitaba un profesor en las dependencias de la propia fábrica para que los trabajadores pudiéramos estudiar, algo que tuvo mucho éxito por poner al alcance la enseñanza sin moverse de la fábrica, y que aprovechamos muchos de nosotros. Yo misma comencé los estudios primarios. Como era delegada sindical y me gustaba mucho el derecho, con el fin de estar preparada y poder defender a los trabajadores, me preparé y me examiné para el acceso a la carrera de Derecho, con el fin de matricularme en la Universidad. Sin embargo, el primer examen no lo aprobé y ese mismo año dejaría de trabajar en esta empresa, así que abandoné los estudios, pues yo quería ser abogada para defender a los trabajadores. Sé que fue un error, pero así son a veces las cosas.

Me parece interesante destacar los servicios señalados, puesto que al tener prácticamente cubiertas todas las necesidades, conseguían que no necesitaras ausentarte de la empresa ni un solo minuto, y a la vez estar eternamente agradecida a "tu" empresa.

Si te encontrabas mal te ibas a trabajar enferma, puesto que allí tenías a tu médico, sin necesidad de desplazarte al consultorio de tu barrio, y él te administraba un medicamento y te enviaba a trabajar de nuevo. Tu ocio lo tenías asegurado en el club, tu solidaridad con la asociación de leprosos, en fin, todo organizado para ti.

Mi incorporación a Industrias y Confecciones, S.A.

Por fin, un día de marzo del 71, me llamaron para hacer una prueba. Yo ya conocía casi todas las máquinas y cosía bien, pero, mira por dónde, me pusieron en la sección de lencería y me dieron una sábana para hacer un festón; justo lo que yo no manejaba demasiado. Claro, yo no podía arriesgarme a hacer mal la prueba y perder la oportunidad de mi vida, así que muy a mi pesar, cogí la sábana y me puse a ello. El sistema de trabajo era en cadena, que consiste en confeccionar una prenda desglosada en operaciones pequeñas, cada trabajador va realizando a lo largo de la cadena la operación encargada, incorporando hasta finalizar la prenda.

En concreto, en lencería (ropa de cama y mesa) había un anaquel a lo largo de toda la sección y a cada lado una máquina, cada maquinista dejaba la tarea realizada en ese anaquel. Yo había hecho mi prenda, pero no tenía mucha seguridad en el resultado. Mi compañera de al lado tenía en el anaquel compartido los trabajos terminados, así que, sin pensarlo mucho, le cambié mi sábana por una suya (debía estar bien porque nadie se enteró). Por supuesto aprobé y pasé al periodo de prueba de quince días.

Me incorporé a la que conocíamos como la fábrica "vieja". Este edificio contaba con cuatro plantas y en cada una estaban ubicadas diferentes secciones: en la planta baja estaba situada la dirección, cuyo director de personal era el señor Guillermo Peralta, las taquillas, los aseos generales (que eran tremendos de grandes) y donde nos relacionábamos las trabajadoras (nos gustaba mirarnos al espejo y echar unas risas), y otros talleres que no podría asegurar a ciencia cierta, podrían ser plancha y miraguano. El resto de las secciones de producción (lencería, camisería, etc.) estaban en las plantas siguientes. En la sección de lencería, donde comencé mi andadura, seríamos unas 500 trabajadoras. Tenía una jefa de planta (Emma) que, aunque nadie lo sabía, pertenecía al jurado de empresa del Sindicato Vertical franquista. Aquí conocí, entre otras muchas buenas compañeras, a Vicen, Cani, Juani, Mari Jose "la leona", Pili, Félix y un montón más. Entre ellas a Vicen, que luego pertenecería a la Comisión de los Cinco (de la que hablaré más adelante), y que retuvieron encerrada en un despacho las ocho horas de dos jornadas de trabajo. Esto provocó un revuelo en los trabajadores, que exigimos el fin de estas acciones indignas y represivas.

Como ya comenté, este edificio tenía cuatro plantas, estaba dividido por una escalera central y a cada lado las diferentes secciones. En cada planta podríamos trabajar igual 1.500 personas y acoger diferentes talleres.

Las llamadas cadenas de trabajo estaban compuestas por un anaquel de hierro altísimo y con una máquina a cada lado, si era necesario se introducía una plancha intermedia. Cada taller podía estar compuesto de entre cuatro y diez cadenas, y más de 400 o 500 trabajadores. Por el techo se veía toda una tela de araña que formaba el cableado para los enchufes. Aquello era algo enorme para mí, que venía de talleres pequeños, donde todo el mundo se conocía, se podía hablar, reír o cantar. Sin embargo, aquello me impresionaba y me hacía sentir pequeña, el sistema de trabajo a destajo era muy represivo y agobiante, las trabajadoras estaban cada una a su tarea sin decir nada, absolutamente nada, con la cabeza metida en la máquina, las manos se movían a una velocidad tremenda. Los jefes de taller, encargados y cronometradores, con gestos coactivos y en algunos casos chulescos, veías cómo te miraban a veces provocativamente o con ojos de búho, coaccionándote sin haber hecho nada, la frente obtusa paseándose a lo largo de las cadenas. Para ir al servicio casi tenías que pedir permiso, pero, además, el tiempo establecido estaba más o menos controlado, los baños estaban vigilados. Recuerdo especialmente a dos encargados, uno de ellos volví a tenerlo en el edificio de Carabanchel: Paco "el chulo" y Paquillo, dos buenos elementos.

Normalmente, si superabas el periodo de prueba de quince días, a partir de ese momento serías fija en la empresa.

Yo tuve la suerte (o la desgracia) de que justo en ese periodo de prueba convocaron un paro de cinco minutos (creo que por el régimen interior), ni siquiera se sabía quién lo convocaba, pues en esa época, la trabajadora que osaba decir o hacer algo, y ya no digamos protestar, era automáticamente bajada al despacho de dirección, y en la mayoría de los casos, despedida. Yo no conocía tal situación, pero tampoco me planteé otra posibilidad que no fuera la de seguir a mis compañeras, pues yo era una trabajadora, así que por supuesto no dudé en participar.

Estaba trabajando en la máquina remalladora. La máquina *overlock* o remalladora se maneja de manera muy similar a una máquina de coser plana o *standar*, pero la remalladora va más allá de la simple costura, ya que además recorta y cose a un ancho uniforme y deja una serie de hilos sobre el borde para que el tejido no se deshilache, y tiene una cuchilla para cortar la tela sobrante. Como debía tener cuidado por estar en periodo de prueba, se me ocurrió meter un alfiler que rompería la cuchilla y así causaría un accidente. Llamé al mecánico y tuve suerte, pues me dijo "bueno, por esta vez pasa". Paco fue siempre un buen compañero. La sección de corte ocupaba una planta completa y contaría con unos 500 trabajadores. Era la sección que contaba con más hombres, junto a la de mecánica.

En el año 71 yo era una joven con novio formal, bastante presumida, que en los vestuarios estaba una hora cuidándome mi larga melena y contando chascarrillos, sin otras preocupaciones y, por supuesto, sin intención de meterme en líos. Mis mejores amigas desde el inicio fueron Juli y Maricarmen. Dos grandes personas y compañeras, pero realmente las amigas y compañeras que nunca más olvidaría fueron innumerables.

Yo procedía de familia trabajadora y de izquierdas, a lo que se unió que el padre de mi novio (el señor Paco Úbeda). era militante de la CNT, represaliado por el franquismo y trabajador esclavo (participó en la construcción del Valle de los Caídos). Él me contaba que en los escalones de ese innoble edificio se caían los compañeros presos que ya no podían con su vida, y les obligaban a seguir echando cemento encima. El señor Paco intentaba crear en mí conciencia de clase trabajadora y reivindicativa, contándome cosas de las luchas de los trabajadores en la República, de la lealtad y el compañerismo necesario de nuestra clase, pero yo estaba a otra cosa. Sin embargo, sé que influyó en mi desarrollo personal e ideológico.

Otros tiempos, otra vida

En 1972, mi novio murió y mi vida dio un gran vuelco. Mis amigas Juli y Maricarmen fueron mi salvación, sin ellas lo habría pasado mucho peor. ¡Gracias, amigas!

Por esa época conocí a otras compañeras que vivían en el barrio de Carabanchel: Sebi, Maribel, Joaquina y Toñi. Todas ellas estaban organizadas en su barrio, en clubs de lectura, en bibliotecas, en pequeños grupos y partidos políticos, locales de parroquias, etc. Ellas fueron importantes en mis inicios como activista sindical y política. Me invitaban a excursiones que hacían en su barrio, para debatir y difundir las luchas que en esos momentos estaban realizando en diferentes empresas donde trabajaban los participantes. Este ambiente era muy diferente al que yo frecuentaba. Mi ambiente era el baile, que me encantaba, los mesones de la Plaza Mayor, donde se podía cantar, en fin, un ambiente sin preocupaciones, donde no tenías que pensar mucho. Estas gentes del barrio eran alegres y divertidas, pero también hablaban de cosas serias que cuando se lo contaba a mi madre siempre me decía que no me metiera en líos (a su hermano lo asesinaron en la guerra).

Sin embargo, a mí me gustaba ir a bailar y salir con mis hermanos a divertirme, tener una vida despreocupada, y comencé a tener esas contradicciones. Bien es cierto que mi hermano el mayor nos llevaba a mi hermana pequeña y a mí a lo que entonces se llamaban "saltos", y que consistía en gritar "libertad" un par de veces en el *scalextric* de Atocha y salir corriendo antes de que llegara la policía.

Recuerdo que mi hermano siempre nos decía, "coged un paraguas, cepillo de dientes y bragas". Nosotras nunca lo cogimos; solo de pensar en lo que podía servir cada cosa nos ponía los pelos de punta. Luego con el tiempo me reía de ese mandato. Pero de ahí no pasaba mi militancia.

En el autocar de las excursiones se cantaban canciones revolucionarias, que en algunos casos hablaban de luchas de los trabajadores y de los pueblos, de las ideologías, pero otras yo nunca entendí porque eran clandestinas. Luego comprendí que era por sus autores: Paco Ibáñez, Gabriel Celaya, y otros, en cualquier caso, eran canciones que yo no había escuchado en mi vida. A mí lo que me gustaba era el Dúo Dinámico, Adamo, Los Brincos, para bailar, y la copla para cantarla en los mesones y donde se terciara.

A la hora de la comida, ya relajados, era el momento donde se debatía e informaban de las luchas de empresas que en esos momentos estaban en huelga. Siempre me viene a la mente SKF, será porque fue la primera vez que participé en un debate con trabajadores en huelga y me impresionaron sus relatos. Esos problemas se debatían y analizaban. Poco a poco comencé a hablar de mi empresa y de los problemas que allí teníamos.

A mí me comenzó a gustar este ambiente y sobre todo el compañerismo y la alegría que se vivía. Mis nuevos amigos me iban encargando tareas para realizar en mi empresa, como, por ejemplo, contestarle al encargado, llevar hojas informativas y dejarlas en los baños, a veces tirarlas por la mañana desde arriba del todo de las escaleras (ese día iba al baño veinte veces antes de subir). Poco a poco me iba introduciendo en ese mundo. Sin embargo, como me gustaba mucho ir a bailar y ese ambiente anterior con mis otras amigas, a veces no sabía cómo decirles que no quería ir a algunas de las excursiones o a ver películas como *Johnny cogió su fusil* (terrible película, que me dejó impresionada y me hizo pensar mucho sobre las guerras), pero a la vez me iba gustando el ambiente, ahí precisamente conocería al que hoy es mi compañero de vida. Para mí fue una persona importante, no solo en la toma de conciencia de clase, también en mi formación personal y política.

Yo era una persona muy alegre y divertida, y además me gustaba mucho cantar, por esa época se cantaba incluso en los bares o por la calle, en los trabajos tampoco estaba prohibido, aunque en Induyco no cantaba nadie. En la huelga del 77, con Pedrito Navarrete, cantábamos los dos por la calle, eso sí, sin saber ni siquiera lo que estábamos cantando porque encima lo queríamos hacer en euskera que no teníamos ni idea, luego supimos que era el himno de los gudaris *Eusko Gudariak*, pero a nosotros nos parecía que con eso éramos muy revolucionarios. Por entonces los trabajadores vascos eran nuestro espejo de lucha, a pesar de no saber euskera ni lo que decía la letra.

Este compañero fue un gran trabajador, cariñoso y alegre. En su etapa fuera ya de Induyco realizó los estudios de Trabajo Social y fue comisionado del Ayuntamiento de Madrid para la Cañada Real Galiana, siendo mediador entre las partes y mejorando la vida de esos vecinos, pero para mí siempre será Pedrito.

Aunque no me daba cuenta, mis nuevas amistades iban influyendo en mí. En el trabajo comencé a cantar canciones con letras que tuvieran relación con el trabajo, o me inventaba letras que hicieran alusiones al trabajo u otras que se cantaban en las excursiones y estuvieran relacionadas con los trabajadores.

Teníamos una encargada de cadena que andaba con las piernas mal y caminaba despacio, era muy sumisa con los encargados y jefes, aunque carecía de autoridad, intentaba reprimirnos y darnos órdenes coactivas, todas le teníamos algo de ojeriza. Un día se me ocurrió cantarle *Mi ovejita lucera* y toda la cadena me siguió el rollo, creando un ambiente de complicidad en las compañeras. Otro día a Paquillo le habían extraído un diente, así que me puse un trozo de tela negra en mi diente y según pasaba por mi lado, avisaba a mis compañeras y, al mirarme, les mostraba mi trapo en el diente; esta mofa hacia él nos sirvió para unas risas.

Poco a poco fui cogiendo popularidad entre mis compañeras y comencé a hablar. A veces me asombraba de las cosas que se me ocurrían y no entendía cómo las compañeras me escuchaban con tanta atención, aunque intentaba prepararme y saber cada vez más cosas, pero pensaba ¡no sé por qué me atienden tanto si no sé hablar! Sin embargo, creo que era buena oradora y tenía gracia. Primero fui hablando en voz alta en la cadena y después en las pequeñas asambleas que comenzamos a hacer en los treinta minutos de bocadillo, en los vestuarios. Así empezamos a juntarnos gente de la planta y a debatir temas que nos preocupaban a las trabajadoras.

Mis amigos de Carabanchel me dieron un pequeño curso y me enseñaron cosas como qué era la plusvalía. Yo me lo aprendí como un papagayo y lo contaba en las asambleas y donde quisieran escuchármelo. Esto nos dio un juego increíble, hay que pensar que la gran mayoría no teníamos estudios o solo estudios básicos. Esa palabreja no la habíamos oído en la vida. Nos pareció un gran descubrimiento, así que la palabreja la reproducíamos en las asambleas infinidad de veces, explicando su significado, ya que nos parecía la causante de todos nuestros males. Comenzábamos poniendo el ejemplo de una camisa, desglosando cada operación y sumando los costes de telas; la confección salía 5 pesetas y luego el precio de venta en El Corte Inglés era por ejemplo 100 pesetas. Eso nos parecía un atraco a mano armada, con lo que nos entraba un enorme cabreo al ver el dinero que ganaba la empresa. Así hacíamos ver a las compañeras lo que la empresa ganaba con nosotras, intentando que entendieran que a nuestro juicio la empresa nos robaba, y que así se fueran concienciando un poco.

También comenzamos a hablar de los métodos y tiempos, el sistema de cronometraje en Induyco. En aquella España del incipiente desarrollo, el uso de las técnicas de métodos y tiempos tenía como objetivo primordial la fijación de "primas" o "destajos" a la producción. En línea con el patriarcado de Induyco, los cronometradores, al igual que los encargados, eran todos hombres, impidiendo que las mujeres accedieran a dichos puestos, incluso habiéndose examinado y aprobado eran rechazadas; igual por ser más sensibles. Con una industria básicamente artesanal, la mejora de la productividad solo se entendía a través del aumento de la actividad (velocidad) de los operarios. Los "destajos" eran práctica habitual en la industria textil y otras ramas de la producción, los salarios eran tan bajos que la patronal aceptaba en algunos convenios colectivos que se contemplara en aquellas empresas donde no se había instaurado un sistema de incentivos, y se abonara aproximadamente el 20% del salario base con el denominado plus de carencia de incentivos.

El trabajo a destajo en la empresa era terrible y rutinario, se trabajaba por operaciones o piezas de una prenda, siendo a veces tan monótono que producía bajas médicas. Yo misma llegué a operarme de apendicitis para dejar de coser miles de puños de camisas al día. El puño de una camisa doblado y ya planchado mide 5 centímetros, que cosías a la velocidad del rayo, tenías que hacer tantos al día para rebasar el tope establecido. Una camisa se dividía en diferentes partes y cada trabajadora se encargaba de una parte, esto podía ser aburridísimo, pero cuando llevabas un montón de tiempo haciéndolo y habías conseguido superar el destajo, la empresa te volvía a medir el tiempo de realización que disminuía ostensiblemente. La maldad consistía en que este nuevo tiempo se lo aplicaban a una nueva compañera que bajaba su salario porque, por supuesto, no llegaba a cubrir el tiempo necesario.

Todas estas cosas las íbamos comentando en las pequeñas asambleas, y a la vez nos íbamos organizando. Por el año 74-75 ya teníamos una pequeña organización en diferentes plantas. Los compañeros también se nos iban uniendo a las asambleas. La empresa contaba con medios de coacción importantes pues tenía muchos "chivatos" y cuando veían a unos cuantos trabajadores juntos iban con el cuento a la empresa, así que, a la hora de hacer reuniones, nos planteamos cambiar el método que otras compañeras habían utilizado para que la empresa no nos pudiera identificar.

La organización clandestina

En la calle Tomás Bretón había una cabina telefónica donde se solían reunir las compañeras que intentaban organizarse o hacer algún tipo de protesta en la empresa. Estas compañeras vestían con unas trencas verdes, que estaban de moda en esa época entre la gente de izquierdas, y con unas botas llamadas "pisamierdas", que toda la gente de izquierdas las usaba como si fuese un uniforme. Así la empresa las tenía a todas identificadas, y en cuanto se movían eran despedidas. Quizás por eso nosotras optamos por no reunirnos cerca de la fábrica. Estas compañeras resultaron que estaban en diferentes organizaciones y sindicatos que en esos momentos eran clandestinos: Comisiones Obreras (CCOO), Confederación Nacional del Trabajo (CNT), La Liga Comunista, Organización de Trabajadores (ORT), Juventud Obrera Cristiana (JOC), etc. Los únicos que no estaban eran la Unión General de Trabajadores (UGT), que se crearía más tarde y donde se afiliaron (por lo menos en Induyco) los cargos medios de la empresa, encargados y demás. Nuestra forma de vestir también era normal, bueno yo siempre he sido un poco presumida y muy moderna. Yo, de trenca y "pisamierdas", nada. Quiero decir, sin distinción ninguna, y decidimos que no nos pararíamos en aquella cabina nunca. Nos solíamos reunir en acampadas que organizábamos en fin de semana, donde debatíamos temas más amplios y delicados. Nos íbamos a Pitis, donde, por casualidades del destino, en plena huelga nos llevaba la policía para quitarnos de en medio un rato. O nos reuníamos en casas de compañeras. Nosotras no estábamos organizadas ni nos sentíamos reflejadas en ninguna de las organizaciones que sabíamos que estaban en Induyco. Sería mucho después, al ser legalizados los sindicatos, cuando algunas nos afiliáramos, otras fueron "antisindicatos" y sobre todo anti-CCOO hasta muchos años después. En mi caso, me afilié a Comisiones Obreras del Textil y llegué a formar parte de la ejecutiva del Textil de Madrid. También fui elegida delegada sindical por la lista de CCOO en las primeras elecciones sindicales y permanecí como tal hasta el día que me marché de la empresa. Me casé en 1974 por lo civil y, por supuesto, con un carabanchelero y en mi casa nos juntábamos muchas compañeras, no solo para hacer reuniones, también como amigas para divertirnos de formas diferentes y nuevas. En esa época estaban prohibidas las reuniones (así era la clandestinidad) y teníamos un protocolo ensayado y explicado hasta la saciedad por si llegaba la policía. El máximo era salir por la ventana, pues que detuvieran a alguna compañera conllevaba que igual denunciaba a otros compañeros, como a veces sucedía: cuando te había pegado la policía hasta en el carnet de identidad, decías lo que hiciera falta. Un día estábamos reunidas en casa de Sebi, no sé si en un sexto piso, llamaron a la puerta y el pánico que nos entró fue tremendo. ¿Cómo nos íbamos a tirar de un sexto piso? Rompimos todos los papeles, tiramos al servicio todo lo que aquello tragaba y comenzamos a reírnos para disimular. Afortunadamente, la cordura nos hizo abrir la puerta y era una compañera que llegaba tarde. ¡Puf!

La Represión

Induyco tenía su propia plantilla represora. Jefes de personal, encargados y hasta algunos trabajadores normales y otros elementos. Fábrica nueva: Mario Andrada Galán, jefe de personal. Abogados: Julio Angulo, Antonio Rodríguez Muñoz, abogado representante de la empresa y, a su vez, teniente de la Guardia Civil; Antonio Moreno, presidente del jurado de empresa del sindicato vertical (¿psicólogo?, guerrillero de Cristo Rey). Fábrica vieja: Guillermo Peralta, cronometradores, encargados y otros chivatos; las señoras que controlaban el tiempo que se tardaba en los baños: en cada planta y baño había una mujer que estaba al tanto de todo. En Induyco todo estaba super controlado. En el sindicato vertical tenían copados todos los puestos importantes. Alguna vez que fuimos a protestar o a pedir información, nos fotografiaban y al día siguiente la empresa nos enseñaba las fotos. Dentro de la empresa tenían, por un lado, los y las encargadas de cadena que, como papagayos, contaban todo lo que oían y veían. Por otro lado, en los baños, tenían a una persona de vigilancia que se encargaba no solo de que no se superara el tiempo establecido, sino que también los revisaba cuando salías, por si hubieras hecho alguna pintada o algo así. Según la persona que salía, si era una sobre la que había sido avisada expresamente, hacían un control más exhaustivo. Así que, dependiendo de quién hubiese entrado, controlaban por si habías pintado alguna consigna en la puerta o en los azulejos. Por eso nos inventamos una forma (que no descubrieron nunca) para divulgar los mensajes y consignas: las escribíamos en el rollo de papel higiénico, así las compañeras no tenían más remedio que verlo. Nos organizábamos unas cuantas, para ir al baño, allí una escribía y otras volvían a enrollar el papel para no tardar más de lo establecido. La represión llegaba a tal punto que a mí llegaron a ponerme un encargado, Ángel Leal, para intentar controlar mis movimientos en las horas de trabajo. Este encargado tenía la orden de seguirme cada vez que me moviese de mi puesto de trabajo, con el fin de coaccionarme e impedir que me parase a hablar con las compañeras, pero yo era un poco descarada —o inconsciente— y al pobre hombre le tomaba el pelo. Cuando yo me movía de mi puesto de trabajo, las compañeras estaban pendientes de lo que iba a ocurrir. —Ángel, venga, que me voy al wáter, pero antes me pasaré a darle un recado a mi amiga. Él me respondía: —Pero no puedes hacer eso, me pones en un compromiso. —¡Ah!, lo siento, pero tengo que hacerlo. A mí esta situación me parecía muy denigrante para este hombre, que tampoco era mala persona, pero la cobardía tiene un precio. Esta conversación la tenía en voz alta para que la escucharan mis compañeras y comprendieran que había que arriesgarse. Yo, en esos momentos, era una trabajadora bastante reconocida entre mis compañeras, también en la dirección. Entonces aprovechaba ese reconocimiento para provocar a mi vigilante, lo que hacía que las compañeras se fueran empoderando, como se dice ahora. Hubo un periodo en que probaron a llamarnos a un despachito pequeño donde estaba Antonio Moreno, que decía ser psicólogo de relaciones laborales. Era homosexual, dicho sea, con todo respeto hacia los homosexuales, pero lo expreso aquí porque era a él al que le daba apuro serlo; nunca salió del armario. Era militante de los Guerrilleros de Cristo Rey (llevaba una pistola por esos años), presidente del jurado de empresa y, ya en la democracia, concejal del PP. Fue la persona que vendió el 49% de la Funeraria de Madrid por 1 € a una empresa amiga, claro, y que luego fue remunicipalizada por la candidatura llamada del cambio, Ahora Madrid. Volví a coincidir con este señor cuando era concejal del PP y yo trabajadora del grupo municipal de Izquierda Unida (IU). Un día que se celebraba pleno en la Plaza de la Villa, me subí donde el público para acompañar a unos vecinos y tuve que entregar mi carnet de identidad, y él, como responsable de personal, tenía el trabajo de revisarlos al mismo para tener al público localizado por si hubiese algún problema. Cuando vio mi carnet con mi foto se volvió loco buscándome. En el primer descanso me fui al patio de cristales donde salían los concejales, con el fin de acompañar a los vecinos a ver al concejal de Servicios Sociales. Muy asombrado, me preguntó qué hacía yo allí, y le contesté que estaba trabajando con el grupo municipal de Izquierda Unida, con mi gente de siempre, y que ya veía que él seguía en su línea represiva. Este señor tenía la rabia de no haber podido nunca conmigo, cada cosa que intentaba le salía mal, tampoco pudo tener el placer de despedirme. A mí me despidieron tres veces y las tres me tuvieron que anular el despido. Este señor era el encargado de realizar esas entrevistas represivas a los trabajadores. Él decía que era "psicólogo". Las entrevistas eran auténticos interrogatorios policiales haciendo llorar a casi todas las trabajadoras que pasaban por allí, pero también reforzando su rabia y su fuerza. Creo que las trabajadoras, cuando salíamos de ese despacho, teníamos claro que había que luchar. Estas entrevistas se empezaron a comentar entre las trabajadoras, pues pensaban que no se podía consentir ese trato represivo y vejatorio. Por supuesto, yo también fui interrogada. Recuerdo mi entrevista con Antonio Moreno, más o menos así: A.M. —¡Adelante! M.G.— Buenos días. Al entrar tenías que hacerte a un lado para cerrar la puerta, ya que entre la pared y la mesa quedaba el espacio justo para una persona. Antonio Moreno era bajito y algo gordito, es decir, un retaquito. Para disimular su complejo, y quizás también para quedar por encima, tenía un sillón de dirección alto, así daba la sensación de dominio. Cuando entré me quedé tiesa, orgullosa, mirando al frente donde me llegaban los ojos. Yo intentaba no subir la cabeza para mirarle, por tanto, él intentó que yo mirase hacia arriba para humillarme, pero no le fue posible, este señor no podía conseguir que yo saliera llorando de allí y no lo consiguió.

A.M. —¿Sabe usted por qué la he llamado?

M.G. —Me imagino que para lo mismo que a mis compañeras, así que usted dirá.

A.M. —A usted me parece que la están metiendo en un lío. ¿Usted sabe por qué han despedido a esos cuatro? ¿Usted qué piensa?

A partir de ese momento me negué a hablar, y cuando le pareció oportuno, dejó que me marchara.

A Vicen, integrante de la Comisión de los Cinco, que también despuntaba en las asambleas, durante las ocho horas de dos jornadas laborales, la tuvieron encerrada en ese mismo despacho completamente sola y aislada, con la consiguiente preocupación y cabreo de las trabajadoras, que terminamos haciendo una protesta en contra de estas actitudes de la empresa, que afortunadamente, se les iba volviendo en su contra. Todas estas tropelías que cometía la empresa iban creando conciencia en las compañeras, que veían cómo las trabajadoras no podíamos defender nuestros derechos, y a su vez, se creaban unos lazos y complicidades de la plantilla que iban más allá de las relaciones de compañeras de trabajo, comenzaban a comprender la importancia del compañerismo y la defensa de todos los trabajadores. Esos lazos aún hoy perduran. Ya no éramos solo compañeras de trabajo, sino que se fueron creando grupos de amigas

Éramos casi familia, nos íbamos juntas de vacaciones, éramos testigos en nuestras bodas, que ya comenzaron a ser por lo civil. Teníamos experiencias novedosas, relaciones de pareja en igualdad, compartiendo tiempos políticos, familiares, hijos, así como las tareas domésticas, también la libertad en la pareja respetando la libertad del otro a nivel de salidas con amigas y compañeras.

Como he comentado. Antonio Moreno era guerrillero de Cristo Rey y, aunque a algunas compañeras les llegó una amenaza firmada por una organización llamada Comandos Guerrilleros Anticomunistas, a mí fueron los Guerrilleros de Cristo Rey los que me enviaron una amenaza de muerte (¡es una pena haberla tirado!). Fuimos tan inocentes que todo el grupo nos fuimos a dormir a mi casa para acompañarnos y como acto de solidaridad.

Desde ese momento, los compañeros de la CNT se convirtieron en mis guardaespaldas.

No solo fuimos desarrollando una conciencia de clase como trabajadoras, también fuimos desarrollando esa con ciencia de mujeres y de mujeres libres, exigiendo nuestros derechos como trabajadoras orgullosas de serlo. Las mujeres en este país, después del golpe de Estado y la masacre de este pueblo, perdimos todos nuestros derechos, convirtiéndonos en muñecas a las que los hombres manejaban con sus hilos. Tuvimos que volver a aprender a defendernos y hacernos visibles, comenzar de nuevo, a veces con la complicidad pero también con el silencio, de esa generación que perdió todo, pero la lucha nos llevó a revelarnos y así comenzamos a ser feministas sin saberlo.

Es verdad que éramos jóvenes, pero nunca desamparadas y manipuladas, ni por nuestros familiares hombres y desde luego, como demostramos, tampoco por ese machismo patriarcal y empresarial. Quizás por eso fuimos capaces de aprender a ser mujeres libres, quizás por eso fuimos pioneras en realizar una huelga asamblearia sin los sindicatos, que en esos momentos estaban en proceso de creación. Las trabajadoras teníamos muy claro que la lucha teníamos que organizarla entre todas en asambleas, quizás por eso tuvimos que ser valientes y arriesgadas.

Mientras, íbamos construyendo nuestra primera tabla reivindicativa a la que fuimos añadiendo más puntos. Uno de los más importantes en ese momento era el régimen interior, en él estaban contempladas todas nuestras desgracias. Todas las sanciones y amonestaciones, los métodos y tiempos, los enlaces sindicales, todo estaba en ese régimen interior que además no había forma de hacerse con él. Cuando íbamos a reclamar, las palabras mágicas eran: "está contemplado en el régimen interior", por tanto, se convirtió en nuestra petición fundamental.

Primeras reivindicaciones.
Intentos de despido

- Acceder al régimen interior
- Subida salarial inversamente proporcional
- Comedores
- Ayuda para los trabajadores con hijos en edad de estudiar
- 40 horas laborales

La organización para las trabajadoras no era fácil en Induyco, pero sí es cierto que las cosas comenzaron a cambiar, y poco a poco fuimos ganando terreno, ya no era tan fácil despedir a las trabajadoras que nos íbamos organizando, aunque el camino era difícil.

Las asambleas comenzaron a ser "toleradas", aunque las convocatorias no se hacían en abierto y acudían pocas compañeras, pero creaban expectativas y las compañeras estaban alerta.

Una de las primeras asambleas convocada más abiertamente tuvo como consecuencia el primer intento de uno de los tres despidos que la empresa no consiguió llevar a cabo hacia mi persona.

Primer despido: 19 de agosto 1975 (que sería modificado por una amonestación escrita).

(Transcripción de la carta recibida el día el 26 de agosto de 1975):

> *Distinguida Señorita:*
>
> *Lamento comunicarle que conforme determina el reglamento de Régimen Interior, queda sancionada con Amonestación escrita, como consecuencia de la falta de carácter LEVE, cometida por usted el día 19 al faltar a la puntualidad sin motivo justificado, incorporándose al trabajo con un retraso de tres cuartos de hora.*
>
> *La falta está contenida en el apartado 2. del artículo 99 de la Ordenanza Textil y apartado 2 del artículo 178 del vigente Reglamento de Régimen Interior de la Empresa.*
>
> *Contra esta resolución [...]*
>
> *Fdo.: J. M. Angulo, Asesoría Jurídica*

El día 19 de agosto, en la hora del bocadillo, convocamos una asamblea con el fin de plantearnos comenzar a debatir nuestras reivindicaciones. Poco después de terminar la asamblea fui llamada al despacho, yo me imaginé que sería para despedirme, así que según bajaba por las escaleras, me puse a gritar para alertar a mis compañeras.

Efectivamente, me entregaron una carta de despido por participar en una asamblea ilegal (según ellos).

Ese día mis compañeras se fueron concentrando en la

salida. Era la primera vez, al menos que yo tuviera conocimiento, que las trabajadoras se concentraban ante una represalia. La emoción que sentí al ver la puerta abarrotada de compañeras fue tremenda. Literalmente no me salió la voz de la garganta, ¡íbamos ganando!

El resultado fue que la empresa, el día 26 de agosto, me cambió el despido por una amonestación escrita.

El segundo intento de despido tuvo lugar el día 29 de diciembre de 1975, negociado como "amonestación" el 12 de enero de 1976.

El día 29 de diciembre convocamos una asamblea a primera hora de la mañana, la convocatoria la llevamos a cabo con una acción que implicaba a más compañeras, y que consistía en hacer una cadena humana recorriendo las diferentes plantas repartiendo hojas informativas. Esta acción se llevó a cabo en la hora del bocadillo.

Fue algo inesperado, y los jefes y encargados intentaron reprimirnos sin querernos dejar pasar por las diferentes plantas, empujándonos e insultándonos.

Nuevamente me sancionaron con carta de despido, y por segunda vez, tampoco consiguieron hacer realidad el despido, que fue convertido en amonestación por escrito tras las negociaciones, el día 12 de enero.

Madrid, 12 de enero de 1976
Distinguida Señorita
Lamento comunicarle que conforme determina el apartado A del artículo 181 de nuestro Reglamento de Régimen Interior queda sancionada con AMO-

NESTACIÓN POR ESCRITO como consecuencia de la falta de carácter LEVE cometida por Vd., el pasado día 29 del mes de diciembre al faltar al trabajo sin motivo debidamente justificado.

La falta está contenida en el apartado 2 del artículo 178 del vigente Reglamento de Régimen Interior de la Empresa y apartado 1 del Artículo 99 de la Ordenanza Laboral Textil.

En caso de que pudiera justificar fehacientemente su falta de asistencia al trabajo, la presente sanción quedará sin efecto.

Contra esta resolución [...]

Fdo.: J. M. Angulo, Asesoría Jurídica

Nuestra organización iba tomando cuerpo y cada vez éramos más los trabajadores que nos implicábamos en cada planta y taller, las asambleas eran cada vez más numerosas y participativas, pero a la vez la empresa nos tenía más vigiladas.

El día 24 de junio de 1976, cuatro compañeros fueron despedidos; ese día solíamos comenzar las vacaciones y la empresa decidió despedir a cuatro compañeros, tres mujeres y un hombre: Pilar Duran, Felicia Palomo, Mariví y Emilio Tos Cordero.

Los despidos fueron realizados al final de la jornada de trabajo, seguramente con la intención de que las vacaciones enfriaran la lucha y se nos olvidara el despido de estos compañeros.

Los trabajadores nos concentramos en la salida y realizamos una asamblea espontánea, pero realmente no podíamos hacer nada ante la realidad de las vacaciones de verano. Ese día quedamos emplazadas para comenzar la lucha por nuestras compañeras.

Lejos de las intenciones que la empresa se había planteado, a la vuelta de las vacaciones comenzamos a hacer asambleas y se planteó confeccionar una tabla reivindicativa donde el punto primero era la readmisión de los cuatro despedidos.

Elegimos a una comisión de cinco compañeros por categorías: Andrés Criado, Antonio Córdoba, Andrés Fernández, Vicenta Zapata y yo misma, María José Gallego.

Comenzamos a negociar con la empresa. La primera reivindicación era la readmisión de los despedidos, a lo que la empresa nos contestaba que se atendría a la sentencia del juicio. El resto de las reivindicaciones se iban negociando, aunque con mucha lentitud, la comisión convocaba asambleas por planta, que según habíamos negociado, no podría ser superior a 500 personas por planta. Estas se realizaban a la hora del bocadillo en la mini cafetería, pero a veces se hacían en el mismo taller, pues en la cafetería ya no cabíamos. En cada planta se eligió un representante de planta y se comenzaba a elegir también por talleres.

Comisión de los cinco

Los cinco compañeros de la comisión fuimos elegidos en asamblea y representábamos los sectores y categorías de la empresa, en ese momento ninguno éramos simpatizantes o cercanos a los sindicatos, todavía clandestinos, pero ya presentes en la empresa, algunos conocíamos a compañeras de CCOO y también de CNT. Nuestra tarea era discutida en asamblea.

En ese momento los "representantes de los trabajadores" eran los jurados de empresa de los sindicatos verticales franquistas y aunque supuestamente se hacían elecciones, las listas las hacia la empresa y los componentes eran o bien encargados y jefes o trabajadores que apoyaban a la empresa descaradamente. Esta comisión fue importante y novedosa,

porque no era normal que se eligieran, y menos en el sector textil, representantes fuera del jurado de empresa del sindicato vertical, y menos en asambleas, cada miembro de la comisión tenía su cometido, mi tarea era el contacto con la dirección.

El jefazo en ese momento era Isidoro Álvarez, pero el director de Induyco Tomás Bretón era Cesar Álvarez, con el que yo debería reunirme como director del centro. Quizás llegue a tener una relación excesiva con él, en el sentido de que siempre tenía su puerta abierta y que por sus características me aceptó para contarme sus penas.

Este señor era un hombre muy solitario y con mucha necesidad de hablar, tenía dificultades de relaciones sociales, con las mujeres, no era una persona fácil. Yo no quería saber más cosas relacionadas con la empresa y mi representación, pero él insistía en contarme su vida, sus frustraciones, sus necesidades, sus complejos como hijo mimado. Yo le decía que no me contase cosas personales, pues al final podría utilizarlas puesto que yo no era su amiga, era una trabajadora y él el empresario, no teníamos nada en común, pero aun así me contaba cosas demasiado personales.

De hecho, cuando las negociaciones y las relaciones estaban tan rotas y estábamos un poco desesperadas, efectivamente conté algo que no debería haber contado.

Cesar cambió su actitud hacia mí, me dijo que no me lo perdonaría nunca, pero yo ya le avisé, tampoco tenía por qué tener fidelidad hacia él, puesto que no éramos ni amigos ni nos unía absolutamente nada.

Las asambleas

La tabla reivindicativa la confeccionamos en las asambleas.

Conseguimos que la empresa nos dejara hacer asambleas de 500 personas por plantas, después todos los debates los poníamos en común en las reuniones posteriores, fuera de la empresa.

Las asambleas se convocaban por plantas y la información se daba a la hora del bocadillo. Las formas de convocar eran diversas desde hacer una cadena humana a la hora del bocadillo, incluso a primeras horas antes del toque de la sirena (a estas cadenas se iban uniendo las trabajadoras a pesar de las coacciones de los encargados y jefes), hasta escribir las convocatorias en el papel higiénico de los baños o en las cadenas de trabajo, diciéndoselo a las compañeras que nos parecía. Las cadenas humanas recorrían las plantas de las dos fábricas para dar la información.

Esto molestaba mucho a los jefes y encargados que intentaban dificultar el paso con amenazas, insultos y hasta zarandeos, pero la cadena era tan enorme que era imparable.

TABLA REIVINDICATIVA

1. Readmisión despedidos. Amnistía laboral.
2. Dimisión de todos los cargos sindicales.
3. Revisión de categorías 18 años categoría c y cada tres subida, igualdad de sueldo según categoría.
4. 6.000 pesetas de subida lineal, revisión de salario semanal semestral.
5. 100% enfermedades, embarazo, jubilación a los 60 años.
6. Antigüedad por trienios computándose a tal efecto el tiempo de aprendizaje.
7. Estudio, revisión y mejora de métodos y tiempos.
8. 30 días naturales de vacaciones.
9. 40 horas semanales de permanencia.
10. Participación del personal en todos los aspectos de la empresa.
11. Comedores.
12. Ayudas económicas a trabajadores con hijos en edad escolar.
13. Cuatro horas de trabajo y cuatro de estudio para los aprendices.
14. Paga de beneficio integral no computándose las faltas justificadas para la misma.

Juicio de los cuatro despedidos y paro de cinco minutos en silencio

El día 12 de agosto se celebraba el juicio de los cuatro compañeros despedidos. Un número de compañeras nos habíamos propuesto para ir de testigos, sin embargo, la empresa no permitió que saliéramos de la fábrica. No fue así con los testigos que asistieron por parte de la empresa, que por supuesto casi todos eran encargados, enlaces sindicales, mecánicos y pelotas de la misma. Esa actitud cabreó mucho a los trabajadores, que veíamos como la empresa limitaba nuestros derechos. Ante esta situación, nos comenzamos a mover por la dimisión de los enlaces sindicales y jurados de empresa, recogimos firmas, fuimos a protestar a la sede del sindicato vertical, realizando concentraciones en la Plaza de Cristino Martos, sede del sindicato y donde desde dentro nos hacían fotos que luego la empresa nos enseñaba, recordándonos que nos tenían controladas y que sabían quiénes éramos. Realizamos asambleas dentro y fuera de la fábrica

En vista de esta situación, el mismo día del juicio el día 12 de agosto convocamos un paro de cinco minutos en silencio a las nueve de la mañana.

En ese entonces teníamos ya una organización importante. Por un lado, teníamos la Comisión de los Cinco (de la cual me siento muy orgullosa de haber formado parte); en cada planta había compañeras elegidas como representantes de planta o taller; otras compañeras estaban más discretamente organizadas en las cadenas, y cumplían un papel muy importante y necesario.

El paro lo teníamos preparado con bastante control y organización. En cada planta había una responsable por cadena para iniciar el paro. Como señal de inicio, y para que lo viera el resto de las compañeras, yo en mi planta tendría que ser la primera en parar. Esto significaba que podríamos ser despedidas, pero a esas alturas ya estábamos muy concienciadas de lo teníamos que hacer.

Lo que yo viví directamente

Creo que la empresa minusvaloró la fuerza de los trabajadores y colaboró a su pesar en el éxito de este paro En ese momento yo estaba en el taller de camisería, y mi jefe de planta era Rafael Sánchez. Un hombre alto, grande-me recordaba a los señoritos extremeños de mi pueblo, mirando por encima del hombro tenía fama de muy recto. Uno de los encargados era Paco "el Chulo" y otro era Ángel Leal. No recuerdo el nombre del cronometrador. Ese día, desde primera hora, la tensión se notaba en la planta; las caras estaban tensas y los comentarios eran pocos. Se notaba que algo gordo estaba por suceder. Tres minutos antes de la hora prevista para el paro, el jefe, los encargados y el cronometrador me rodearon, se pegaron a mí como queriendo taparme y que nadie viera que yo paraba. Esto precisamente, y con la tensión acumulada, alertó a las compañeras; no se escuchaba ni una mosca, todas se pusieron en guardia. Yo, con más miedo que vergüenza, cuando el reloj marcó las 9:00 (nuestra jornada comenzaba a las 7:45), cumplí con mi tarea y apagué el botón de la máquina. Las máquinas industriales tienen a la derecha de la bancada unos botones de encendido/apagado; al encenderse se queda un ruido del motor como de aire comprimido, y al apagarlo, se produce una especie de sordera. A continuación, con ese silencio que se había creado, que solo se oía el ruido de los motores, y ni siquiera las trabajadoras cosían con mucha fuerza, de pronto al apagar yo la máquina comenzamos a oír los *clips* del resto de los motores y las compañeras se iban poniendo de pie según iban apagando las máquinas. Aún hoy se me pone la piel de gallina. Automáticamente, todos los que me habían rodeado, y para servir como testigos con el jefe a la cabeza, me bajaron al despacho, pero yo comencé a gritar según bajaba por las escaleras: "¿Por qué me bajáis, yo no he hecho nada?". Camisería estaba en la cuarta planta, por lo que todas las plantas se iban enterando de que me bajaban al despacho, calentando más el ambiente. En el despacho de Peralta planteé que yo no había parado, que estos señores me habían bajado sin saber por qué, que sí que sabía, que había un paro, pero que yo no llegué a parar, a mí no me dio tiempo.

Esa versión la mantuve a lo largo de un pliego de descargo que presenté en los juzgados. Yo retaba y pedía que me explicaran cómo estaba sentada la situación y colocación de mis tareas y solo negaba que hubiese parado. Esta situación volvía locos a los que me habían rodeado, que efectivamente me habían visto parar, pero el jefe de personal como que dudaba de la realidad.

Luego comprobamos que los resultados fueron: siete trabajadores represaliados, cuatro sancionadas y tres suspendidas de empleo y sueldo (no me acuerdo de las seis compañeras, lo siento).

Cuatro sancionadas y tres suspendidas de empleo y sueldo

El despido de los cuatro compañeros nos cogió por sorpresa, pues no nos enteramos de los despidos hasta que la empresa lo comunicó.

A partir de ese momento nos planteamos que debíamos tener un modo de información propio. Había unos camiones de mercancía que ponía en su cartel HIPÓLITO GUIPUZCOANO; yo propuse que cuando a alguien le bajasen al despacho, una compañera debería llamar a la centralita y decir "Atención, atención HIPÓLITO GUIPUZCOANO ACUDA A CENTRALITA". y así sabríamos que algo estaba pasando.

El día 12 la centralita comenzó a decir: "Atención, atención HIPÓLITO GUIPUZCOANO ACUDA A CENTRALITA", siete veces seguidas; esta consigna la conocíamos pocas personas, por lo que provocó un gran desconcierto, preguntándose el resto qué pasaba, las plantas se iban parando y las compañeras comenzaron a gritar.

Nos concentramos en la calle en señal de protesta, hicimos una asamblea e intentamos subir a hablar con la dirección, pero la empresa cerró inmediatamente las puertas, quedando parte de las compañeras dentro. Algunas consiguieron entrar, y los encargados y jefes las empujaban para que no subieran a las plantas, formándose un verdadero caos, hasta que llegó la policía y las desalojó. Fuera la policía también nos estaba pegando.

Allí mismo decidimos que nadie entraría a trabajar hasta que todas las trabajadoras fueran admitidas.

Al día siguiente nos dirigimos al trabajo, pero los encargados, jefes y demás, junto con la policía, querían obligar a entrar por la fuerza a algunas compañeras, mientras que a las despedidas nos cortaban el paso. Las compañeras se negaron a entrar, quedándonos unas 1.300 trabajadoras en la calle.

En la fábrica nueva, según contaron luego, las trabajadoras se quedaron en las escaleras, siendo desalojadas por la policía. A continuación, nos fuimos a hacer una asamblea a la iglesia de la Plaza de la Beata Mariana de Jesús.

Todos los días, desde las seis de la mañana, las trabajadoras organizadas en piquetes nos acercábamos a la puerta de las fábricas y calles adyacentes para convencer a las compañeras de que se quedaran con nosotras y pidiéndoles solidaridad. Finalmente conseguimos estar en la calle unas 3.000 trabajadoras.

La policía nos regaba con las tanquetas de agua. Eso soltaba un chorro enorme que nos empotraba contra la pared y los encargados nos pegaban e insultaban, formaban barreras en las puertas para impedir que tapásemos las puertas y nos provocaban para que la policía nos desalojara.

Uno de esos días, Paco "el Chulo", que era uno de los más activos, me dijo:

¿Tú eres la Gallego? ¿Tú me llamas a mi Paco "el Chulo"?

De una forma chulesca, le contesté:

—Sí, soy Mari Jose Gallego, pero decirte a ti chulo yo.

Eso provocó la risa de la gente y hasta a la propia policía le costaba trabajo aguantarse la risa, resultaba dantesco.

La solidaridad

Persiste la huelga iniciada el pasado 27 de agosto por unas 3.000 trabajadoras de Induyco. En la actualidad, según informó un portavoz de la empresa a EL PAÍS, son unas 1.275 trabajadoras las que permanecen en paro, sin que en ningún momento de la huelga la cifra de participantes en la misma haya superado los 1.500.

El País, 9 de septiembre de 1976

Nombramos una comisión de huelga para negociar con la empresa. En los diarios contactos de esta comisión con los vocales del jurado y de estos con la empresa, se repetía una triple petición para poner fin a la huelga: readmisión de los despedidos, dimisión del jurado y sobreseimiento de los expedientes. Sobre el primer punto, la empresa, "salvo que haya un cataclismo o se modificaran las leyes, no salen de su negativa a reconsiderar su admisión. Hay una sentencia de Magistratura y a ella debemos atenernos". En cuanto a la dimisión del jurado, "no es competencia de la empresa" y, sobre los expedientes, la empresa "accede a su revisión, con participación de algún representante del jurado".

Dentro del proceso de libertad que íbamos incluyendo en nuestras vidas estaban las actividades lúdicas y las asambleas con otros trabajadores de la zona, con la universidad, las salas de cantautores, los despachos de abogados (recuerdo a Cristina Almeida, Nacho Montejo y otros), etc. Estos abogados nos llevaban todos los recursos, las sanciones y despidos, pero también nos relacionábamos con ellos fuera del trabajo en discotecas y bares.

Los estudiantes y trabajadores nos acompañaban por las mañanas y nos enseñaban que si a los caballos de la policía les echabas garbanzos, se caían; nos hacían la propaganda, y también se hacían novios de las trabajadoras.

La huelga decae

Cada día íbamos quedando menos, pues la gente necesitaba el dinero para vivir, los familiares recriminaban a las huelguistas y en las rutas de transporte se comenzaba a escuchar escaramuzas. Aquello no tenía buena pinta, aunque negociábamos, o más bien hablábamos con la empresa, la gente se iba incorporando al trabajo.

Finalmente quedábamos unas 900 trabajadoras. En asamblea decidimos aceptar la oferta de la empresa.

La comisión de los trabajadores acordó lo siguiente:
- La incorporación de todos los trabajadores con el sobreseimiento de los siete expedientes que provocaron el paro.
- 4.000 pesetas de subida salarial.
- Aceptación de la comisión de trabajadores, que se reuniría al margen del jurado de empresa.
- Creación de guarderías para trabajadores con hijos.

Lo de la guardería fue un poco trampa, pues nos pusieron una en la misma calle, al inicio de Tomas Bretón, con lo que eso suponía para las madres: los niños se venían con sus madres en el autocar, pero también salían a la misma hora, por lo que las madres tenían el cargo del niño sin poder asistir a las asambleas ni a ninguna actividad después del trabajo. Al poco tiempo pedimos que nos dieran ayuda económica para llevar a los niños donde nos viniese bien.

Lo que no era posible era la readmisión de los cuatro despedidos, la empresa se cerraba en atenerse al fallo de Magistratura.

Así, el 10 de septiembre de 1976, después de trece días de huelga, y con un triunfo a medias, nos incorporamos al trabajo.

Los despidos se convirtieron en amonestaciones. Cristina Almeida gestionó mi expediente de despido, redactando un pliego de descargo que a continuación reproduzco, y que expone cada cargo sin decir que no hubiesen existido, pero que yo no los protagonice.

PLIEGO DE DESCARGO QUE FORMULA LA TRABA-JADORA DOÑA JOSEFA GALLEGO MARTÍN EN CONTESTACIÓN AL PLIEGO DE CARGOS QUE SE LE HA PRESENTADO POR LA EMPRESA INDUSTRIAS Y CONFECCIONES, S.A.

PRIMERO. Que efectivamente, el día 12 de agosto, se celebró un juicio de cuatro trabajadores despedidos por la Empresa, que había suscitado gran interés y preocupación entre el resto de la plantilla, y que como medida de apoyo a los despidos y de protesta ante la empresa por el despido, tuvo lugar, según he sabido después, un paro de cinco minutos. Debo indicar que ni participé en el referido paro, por lo que después añadiré, ni en la convocatoria del mismo, ni siquiera me consta que se haya convocado por persona alguna, ya que, dado el clima colectivo existente entre los trabajadores, esta idea de parar por las razones indicadas surgió con carácter general y siguiendo posiblemente la tradición obrera que en este aspecto existe en numerosas fábricas.

SEGUNDO. Que efectivamente, y al igual que el resto de la plantilla, compartía el deseo de manifestar mi apoyo a los compañeros despedidos y mi protesta ante la actitud de la empresa, y en este sentido pensaba parar, y de hecho se puede decir que paré escasos segundos, siendo llamada y dirigida a las oficinas de la empresa cuando aún no había pasado ni un minuto de las 8:00, por lo que 70

imposible resulta que hubiera parado esos cinco minutos a los que se refiere es el segundo cargo.

TERCERO. Que efectivamente participé, al igual que otros muchos compañeros, en una reunión que tuvo lugar, como es frecuente, dentro de la media hora del bocadillo el día 23 de agosto. Debo precisar que el término "asamblea ilegal" no encaja en modo alguno con el contenido y carácter de las reuniones informales que tenemos con cierta frecuencia los trabajadores en la media hora del bocadillo para discutir sobre los problemas que nos afectan, sin intención de seguir el procedimiento del decreto de derecho de reunión, que *como ya detallaré más adelante, se refiere a otro tipo de actuaciones de mayor rigurosidad formal y trascendencia, y no por un mero deseo de vulnerar la legalidad vigente. Y que en esta reunión es posible que me refiera al deseo, que considero general en la plantilla, de que no hubiera más despidos de otros compañeros, y que este deseo ni lo considero punible ni extraño, ya que lo raro y falto de lógica es que un trabajador desease que hubiera despidos de otros compañeros. Por último, debo señalar que es incierto que propusiera apagar la fábrica si se producían despidos, ni tampoco lo manifestó ninguno de los allí presentes.*

CUARTO. Que como más adelante detallaré, en la reunión, que no asamblea ilegal, por las razones que he venido exponiendo en este escrito y que sigo explicando a lo largo del mismo, no hubo nadie que asumiera funciones de dirección ni nada que se le pareciera, por el mismo contenido y esencia de este tipo de reuniones en que se exponen los problemas, y que aún es más incierto si cabe el que se procediera un voto o que se solicitara votar un paro en solicitud de la readmisión de los despedidos, ni fue propuesto por la compareciente tal medida, ni por ningún otro ni mucho menos se procedió a votación alguna.

QUINTO. Que es incierto que haya convocado una reunión o asamblea de trabajadores, y que si bien participó como un trabajador más en una reunión efectuada en el centro de trabajo el día 25 de agosto entre las 11 y las 11:30 de la mañana, debo precisar que esta reunión surgió de forma colectiva y como intercambio de los problemas de los trabajadores y siempre durante el descanso del bocadillo, 71 y queda dado el carácter informal de la misma. No se puede hablar de convocantes ni mucho menos, y por tanto, de una actitud convocante por parte de la compareciente.

SEXTO. Que de lo ya indicado reitero el carácter informal de la reunión, y que al carecer de los elementos necesarios que califican como tal una reunión de tipo de las recogidas en la vigente normativa sobre derecho de reunión tales como: orden del día, interrupción del trabajo, larga duración, convocantes y responsables, mesa directiva, etc., resulta desmesurado tener que recurrir al procedimiento complejo del Decreto sobre derecho de reunión, cuando tan solo se trata de que unos trabajadores discutan, durante escasos treinta minutos en tiempo de bocadillo y sin alterar el trabajo, de los problemas que pueden tener.

SÉPTIMO. Que nuevamente debo indicar que, dado el carácter de la reunión, no se efectuó ni por parte de la compareciente ni de ningún otro trabajador convocatoria alguna, ni se produjo engaño o error alguno, ni se difundió que se trataba de una asamblea legal, por la sencilla razón de que todos los trabajadores de la empresa conocen el carácter informal, espontáneo y colectivo de estas reuniones, que tienen lugar en algunas ocasiones durante la media hora de descanso, y que los que participan en la reunión tienen perfecto conocimiento de que no es ninguna reunión de las contempladas en el Decreto de Derecho de Reunión sino una mera discusión sobre los problemas que les afecta.

OCTAVO. Que no se puede hablar de asamblea, ni mucho menos de asamblea ilegal, porque en todo momento se ha tratado de reuniones, breves, sin interrupción del trabajo, sin formalismo alguno, con participación espontánea, sin vulneración de la legalidad, por la simple razón de que los hechos ni tienen importancia ni son excepcionales, ni perjudican la producción, y resulta por ello absolutamente desorbitado hablar de dirección de la reunión, ya que por el carácter de la misma, reiteradas veces expuestos en este escrito, nadie puede dirigir una discusión o intercambio de problemas realizado con carácter libre, espontáneo y colectivo, en una reunión en que habla quien quiere y como quiere, en la que participan todos los trabajadores interesados, sin que nadie dirija, imponga o decida, por ello, ni la compareciente ni ninguna otra persona ha podido dirigir esa reunión u otras que con frecuencia se celebran en la empresa.

NOVENO. Que en relación con la medida cautelar de suspensión de empleo, debo indicar que supone de alguna manera una discriminación en doble sentido, por una parte, se adopta una medida grave de privar de trabajo a un trabajador por unos supuestos hechos que aún no están conformados, y sin haber recibido ni siquiera el pliego de descargo, por lo que de alguna forma se prejuzga ya el resultado del expediente, adelantando una medida sancionadora y además se adopta esta medida tan solo con tres personas, por unos supuestos hechos en los que, al margen de la valoración y de los mismos, participaron varios cientos de trabajadores.

Que por estas razones y dado que las medidas sancionadoras de suspensión de empleo son un prejuicio irreparable que solo pueden ahondar más al descontento de los trabajadores, considero una actitud razonable por parte de la empresa el levantamiento de la suspensión de empleo con carácter inmediato al margen de lo que ahora se solicitará con carácter general en relación con la tramitación del expediente

Por lo expuesto:

SOLICITO A LA DIRECCIÓN DE LA EMPRESA INDUSTRIAS Y CONFECCIONES, S.A.

Que poniendo por presentado este escrito, se sirva admitirlo y en su virtud tener por hechos las alegaciones que en el mismo se contienen y por efectuado en los mismos se dé el pliego de descargo, y en base a lo indicado se dé por concluido el expediente incoado por carácter de trascendencia y los hechos motivo del mismo, archivándole el mismo sin que proceda a ninguna medida de tipo sancionador.

Madrid, 30 de agosto de 1976

La retirada de este expediente fue negociada con la dirección y con el jurado de empresa el día 26 de agosto de 1976 y firmado el 10 de septiembre.

La prensa recoge nuestra incorporación al trabajo:

Finalizó la huelga de Induyco

Hoy se reincorporarán al trabajo las trabajadoras de Induyco que permanecían en huelga desde el pasado 27 de agosto, al lograrse acuerdo en las negociaciones llevadas a cabo ayer entre la empresa y una comisión elegida democráticamente entre los obreros en paro. El contacto directo mantenido ayer entre empresa y trabajadores es el primero que tiene lugar desde que se inició la huelga, lo que supone la puesta en práctica de una de las reivindicaciones obreras atendidas por la empresa: la aceptación de la comisión de trabajadores, al margen del jurado de empresa.

Junto con este acuerdo inicial, la empresa aceptó también la no sanción a los huelguistas, así como el sobreseimiento de los siete expedientes abiertos a lo largo del conflicto.

La readmisión de los despedidos, punto este que en los últimos días había centrado las reivindicaciones de los trabajadores, ha sido rechazada por la empresa, por entender que sobre ellos se pronunció en su día la Magistratura de Trabajo, declarándolos procedentes, por lo que no es competencia suya.

El País, 10 de septiembre de 1976

La lucha continúa

Como he comentado anteriormente, en Induyco llegaron a trabajar 14.000 personas, pero ya en el textil se comenzaba a externalizar el trabajo y a crear otros centros fuera de Madrid. Según un documento de la empresa, en el año 1975, la empresa "adecuó la dimensión de personal a la situación deseada" y así pasamos de 8.220 a 7.390, con el siguiente razonamiento:

Nos hemos enfrentado a una razonable política de disminución de personal, con el fin de adecuar la dimensión de la empresa a aquel óptimo que a todos se nos antoja deseable. Por la vía de no reposición de bajas, más que en casos imprescindibles, con plataforma como promoción de personal que trabaja ya con nosotros y admisión de personal prácticamente reducido a personas altamente cualificadas, se ha conseguido una reducción de la plantilla que podemos considerar como alta. Pasar de 8.220 personas a 7.390 con una disminución de 830, equivalente al 10,095% de nuestra plantilla.

El regreso a la empresa fue triunfal, las compañeras nos veían como valientes. Aunque es verdad que hubo algunos enfrentamientos con los piquetes de las huelguistas, eso quedó zanjado y en el olvido, pero nos dimos un cierto margen de descanso, aunque sin dejar de estar alerta, y continuamos con las asambleas y las negociaciones con la empresa, la Comisión de los Cinco tenía mucha relevancia entre los trabajadores y era respetada y aceptada por la empresa.

Seguimos con las negociaciones de la tabla reivindicativa, la revisión de los métodos de cronometraje, pero realmente no avanzábamos. A las reuniones ya no asistía el jurado de empresa, solo Antonio Moreno, que era el presidente, así que seguía estando allí, además de una manera muy activa en contra de los avances sobre las reivindicaciones. Para neutralizarle un poco decidimos que, como ya todos sabíamos que era homosexual, y entre los trabajadores teníamos un cronometrador que asistía a las reuniones para orientarnos en los métodos de cronometraje, y era guaperas, lo sentamos al lado de Moreno, con la pierna llena de hilos. Era ridículo pero verídico ver a Moreno quitarle los hilos de las piernas.

Todos se dieron cuenta y, para su vergüenza, la dirección decidió que Moreno y el cronometrador no se sentasen juntos.

En enero tuvo lugar el asesinato de los abogados de Atocha y nos quedamos un poco paradas, pues era una incógnita lo que pudiera suceder en este país de golpistas escondidos. Los fascistas atacaban a los trabajadores. Hay que decir que el paso del franquismo a la democracia no fue nada fácil, y costó muchos muertos a la clase trabajadora. Al entierro de los abogados los trabajadores de Induyco asistimos masivamente.

En esas fechas yo estaba embarazada de mi primer hijo, pero seguía activa. El día 4 de febrero convocamos una gran asamblea en la fábrica nueva, en la planta de corte, que era donde cabíamos más gente. El orden del día era la información de la marcha de las negociaciones y una propuesta de paros.

La empresa aceptaba casi todos los puntos de la tabla reivindicativa, con matices, pero se negaba a la readmisión de los cuatro despedidos.

La asamblea estaba convocada a la hora del bocadillo, las 11:45. A primera hora de la mañana, el señor Peralta me llamó urgentemente a su despacho. Cuando entré me hizo señas para que no hablase, señalándome que escuchara por el interfono.

Lo que se oía era a Antonio Moreno, que hablaba con otras personas y les comentaba que se hiciera lo que fuera pero que esa asamblea no se podía realizar, que si tenían que darle un tiro a la Gallego, pues él estaba dispuesto a hacerlo. Peralta, supuestamente muy asustado, me pedía por favor que se suspendiera la asamblea, que aquello podía ser una escabechina y que la responsabilidad sería mía, que pensara en mi hijo.

A mí me impresionó la conversación, pero curiosamente me entró más indignación que miedo, así que le dije que la responsabilidad sería de la empresa, que es la que tiene que controlar que sus trabajadores no entren con pistola a trabajar (pues siempre se oía que Moreno usaba pistola), que yo no era quién para suspender una asamblea, que para los trabajadores era importante, pero que, en cualquier caso, podría convocar una reunión con la comisión y otras personas para comentarlo.

Convocamos la reunión, ni siquiera se nos ocurrió que fuera una argucia para parar el proceso. Teníamos muy cerca el asesinato de los abogados, pero nos parecía que no podíamos ceder, que si cedíamos estaríamos vencidos de antemano. A mí no me importaba seguir dirigiendo esa asamblea; el plan fue que los compañeros de la CNT y otros rodearan la mesa, que se hiciera una barrea para blindarla, y que otros compañeros vigilasen si entraba gente sospechosa.

En esa asamblea se jugaba el futuro de nuestras negociaciones y de la propia organización, tenía que ser masiva y las votaciones tendrían que ser casi por unanimidad; proponíamos cinco días de paros en asambleas durante toda la jornada de trabajo, íbamos a por todas.

La planta donde se celebraba la asamblea estaba prácticamente llena, se veía un buen ambiente. Subida a una mesa de una altura de metro y pico, desde donde se veía toda la planta, era impresionante ver a miles de compañeras escuchando atentamente y decididas; aún hoy me sobrecoge ese recuerdo, quizás por los nervios del miedo, de la responsabilidad y por el empeño de sacar adelante nuestra propuesta. Yo soy buena mitinera y tengo una voz muy potente, así que puse toda la carne en el asador y las propuestas fueron votadas masivamente.

¡Las compañeras que intervinieron desde todos los puntos de la planta, estaban todas a favor de las propuestas y se veía una gran ilusión! La empresa no se atrevió, afortunadamente, a inmiscuirse, ni mandó gente a provocar, hubiera sido un auténtico desastre. Todas estábamos hartas de tantas largas en las negociaciones. Lo que sucedió en esa asamblea no se puede describir: la emoción, la actitud de las compañeras, la solidaridad, era emocionante. Posiblemente, a la asamblea asistieron unos cuantos miles de trabajadores, toda la capacidad de la planta.

Paros y cierre empresarial

El día 8 comenzamos los paros, con un seguimiento mayoritario que aumentaba cada día. La empresa utilizó todo tipo de argucias contra mí y otras compañeras, intentaba desprestigiarme, inventándose bulos que no tenían ninguna consistencia; una campaña en contra de mi persona que no tuvo ninguna repercusión, enviando a compañeras a intervenir diciendo cosas como que alguien me pagaba para desestabilizar la empresa, hasta que estaba con Moreno, que a esas alturas todo el mundo sabía que era homosexual.

El día 12 de febrero, cuando llegamos a trabajar, nos encontramos con la puerta cerrada y la policía preparada para reprimirnos. Aquello era un caos, los encargados y jefes también intentaban pegarnos, empujarnos y ponernos en contra de la policía.

Desde que comenzamos los paros, las reuniones con las empresas de la zona y el apoyo de sus trabajadores fue muy importante. Muchos novios, maridos, amigos y compañeros nos acompañaban por la mañana para apoyarnos ante la empresa y la policía.

Ese día, como era habitual en la puerta de la fábrica, había compañeros de otras empresas, organizaciones y amigos, que estaban siguiendo todo el proceso del conflicto. La policía no tuvo ninguna consideración con nosotras por el hecho de ser mujeres: con las tanquetas de agua, nos acorralaban enchufándonos con las mangueras hasta estamparnos contra la pared. Alguna compañera abortó como consecuencia de la salvajada; otras compañeras se refugiaron entre dos coches, fue tan brutal el chorro de agua que les echaron que, a una de ellas, se le perforó el oído quedándole secuelas de por vida, no solo de disminución de audición, sino también de trastornos del equilibrio y vértigos.

Si te librabas de la manguera, tenías los caballos o los policías con las porras: aquello era una batalla campal. Los encargados y pelotas de la empresa también hacían lo suyo, empujándonos e insultándonos, corríamos todas despavoridas en todas las direcciones posibles huyendo de tanta violencia. La consigna era ir a la iglesia de la Beata en Legazpi, pero que no se enterase la policía. Nuestras batas azules inundaban todos los alrededores: el paseo de las Delicias, la Plaza de la Beata, Legazpi. Aquello era una auténtica desbandada, los autobuses nos abrían las puertas dejándonos subir gratis, para apoyarnos y para librarnos de la policía, que corrían como locos detrás de nosotras. Ya habíamos dado la consigna de irnos a la iglesia de la Beata, para hacer una asamblea; todavía la policía no entraba a desalojar en las iglesias.

Organización de supervivencia

Siguiendo con nuestra forma de funcionar asamblearia y participativa, comenzamos a organizarnos para contraatacar a la empresa. Elegimos una comisión de huelga, donde estaban representadas todas las plantas, categorías, talleres, mecánicos, especialistas y oficinas. También acordamos una amplia comisión para mantenernos informados de los planes de la empresa y que todo el que quisiera pudiera ser útil. Estas eran las tareas:

1. Conocer los planes de la empresa referente a la producción (vigilar que no saliera el trabajo fuera))
2. Engañar a la policía para que no nos impidiera hacer asambleas.
3. Solidaridad de otras empresas.
4. Caja de resistencia.
5. Actos informativos y conciertos.

6. Informar a los talleres de las distintas provincias (Sevilla, Cáceres y Teruel).
7. Acciones en Madrid, Corte Inglés, Hermosilla (oficinas de El Corte Inglés), manifestaciones, reuniones con el Ministerio de Trabajo.
8. Hacer reuniones y asambleas con otras empresas.
9. Buscar un responsable voluntario y secreto.
10. Hacer actos y conciertos en barrios.
11. Elegir un grupo de organización. que estaban

Información de la empresa y acciones

Para conocer los planes de la empresa referentes a la producción y destino de las mismas. Hablamos con compañeras que estaban apoyando la huelga y que se relacionaban con los encargados, jefes, conductores y todas las personas que nos fueran útiles. Pensábamos que era imprescindible, pues lo lógico sería que la empresa intentase que no parase la producción, llevándose el trabajo a otros talleres. Para nosotras la policía era fundamental, pues continuamente nos perseguían con el fin de no dejarnos hacer asambleas, así que vimos la necesidad de que hubiese compañeras que entablarán relaciones con la policía, aunque tuviesen que ligar con ellos; algunas compañeras se lo tomaron tan en serio que terminaron casándose.

Como habíamos acordado, una vez que las compañeras tuvimos la información del traslado de la producción a otras fábricas, con horario y destino, todo resulto fácil. Unas compañeras arregladas convenientemente para la ocasión nos plantábamos en la carretera de salida del destino en el horario establecido.

Un piquete bien preparado y reforzado se escondía en la carretera correspondiente; unas compañeras hacíamos autostop y cuando el conductor paraba, mientras las compañeras lo distraían, el piquete se abalanzaba sobre el camión para dejar las ruedas inservibles. Era una actividad divertida y arriesgada, pero de eso no nos dábamos cuenta en esos momentos y la lucha era la lucha.

La policía nos traía fritas a la hora de hacer asambleas, nos perseguían y no había manera, así que un buen grupo de compañeras intentaba ligar con la policía y en la conversación salía donde nos íbamos a reunir al día siguiente, así conseguíamos quitárnoslos de encima; mientras ellos perseguían a un grupito, el resto nos reuníamos tranquilamente.

La caja de resistencia fue fundamental en el desarrollo y participación de la huelga, sin ella muchas compañeras no habrían podido participar. Recaudábamos bastante dinero, ya que, aparte de tener un apoyo importante, nosotras también aportábamos; en cada asamblea metíamos una peseta en una botella. Con esto y la solidaridad de otros compañeros y amigos podíamos aportar algo a las compañeras que lo necesitasen. Lógicamente, no se daban grandes cantidades, pero sí que se daba una cantidad importante según las necesidades de las compañeras. Creo que era una buena ayuda.

Se hicieron conciertos; en Carabanchel Alto, en el salón de los Marianistas, hicimos un concierto, creo recordar que fue con Luis Pastor y algunos más, no me acuerdo exactamente. También hicimos partidos de fútbol solidarios con los equipos de chicas del club social de Induyco. Además, se nos ocurrió la idea de coger una guitarra para cantar en el Retiro. Como mi marido y compañero sabía tocar la guitarra, y yo que me apunto a un bombardeo, nos íbamos al Retiro a cantar. En fin, que hacíamos un montón de cosas para sacar dinero.

Se hicieron grupos informativos; los compañeros encargados de ir a Teruel fueron detenidos.

A mí me tocó ir a Sevilla con otras tres compañeras y el compañero Andrés Criado de la comisión de los cinco. Las compañeras de Sevilla fueron muy amables, realizaron una asamblea donde informamos a las compañeras y además nos lo pasamos estupendamente.

Dentro de las acciones que realizábamos estaban las manifestaciones, la información en las tiendas de El Corte Inglés (introducíamos hojas informativas en las prendas que tuvieran bolsillos y en todos los productos que fuera posible). Al final de esa tarea terminábamos dando consignas y pidiendo solidaridad a las compañeras. Yo en esas acciones participaba más de vigilante, por aquello de mi embarazo. Un día nos planteamos hacer una cadena informativa recorriendo las diferentes plantas de El Corte Inglés de Preciados. Recuerdo ese día especialmente; como era una acción más arriesgada, me senté en una cafetería que se llamaba "La Oficina", y que estaba justo enfrente de la entrada de El Corte Inglés de Preciados. De pronto, comencé a escuchar gritos y carreras, y vi como las compañeras salían corriendo despavoridas, huyendo de la policía y también de los jefes y encargados. En ese momento salí de la cafetería acojonada y me dirigí hacia la Puerta del Sol, que era hacia donde se dirigían mis compañeras. Allí vi una escena realmente extraordinaria e impresionante, que me llenó de orgullo: mis compañeras estaban dándole una buena paliza a un policía que se había quedado retrasado de los energúmenos de sus compañeros. Dejándole en unas condiciones penosas arrinconado en un banco. En un momento vi como una compañera tenía la porra de un policía en la mano, afortunadamente un compañero más sensato se la quitó y la tiró a una alcantarilla. Algunas de estas compañeras fueron a juicio por este hecho, pero salieron absueltas (fueron muy discretas en la acción).

Las compañeras contaron que los dependientes y encargados, junto con la policía, empujaban a los huelguistas a las escaleras mecánicas, provocando caos y accidentes.

A la salida de El Corte Inglés de Preciados, a donde acudieron en demanda de solidaridad con su conflicto, los huelguistas de Induyco se manifestaron hasta la plaza de Callao

Concentración en los jardines del Ministerio de Trabajo

Teníamos la intención de reunirnos con el señor Martín Villa. Para que nos recibiera programamos una concentración en los jardines de Nuevos Ministerios.

Después de asistir, como cada día, a la puerta de la fábrica y pelearnos con la policía y los jefes, con nuestras conocidas batas azules, nos dirigimos hacia la Castellana en riadas de mujeres y hombres para que se nos viera bien. Alguien nos dijo que en esa época los policías no podían entrar a desalojar si las mujeres estaban en paños menores, así que nos llevamos sujetadores, bragas y batas de trabajo y las pusimos tendidas bien visibles en los setos de los jardines del Ministerio de Trabajo. Debía ser cierto, porque la policía no entró y pudimos estar hasta que finalmente conseguimos que nos recibiera el señor ministro. Fue en vano, pues nos dijo que la empresa estaba en su derecho de acogerse a la sentencia y que él no podía hacer nada.

El día a día de la huelga

Cada día, a las 7:45, estábamos en la puerta de la empresa. Nos acompañaba la policía a caballo y a pie con sus porras siempre preparadas; los encargados y cargos medios estaban en la puerta formando un muro para que no nos acercáramos, nos empujaban y provocaban para que la policía no nos dejara en paz, pero nosotras también los denunciábamos para que no nos agredieran; en más de una ocasión la poli les tuvo que llamar la atención. También nos acompañaban los estudiantes y los trabajadores de las zonas, nuestros familiares y amigos, y compañeros de diferentes organizaciones.

La policía nos recibía siempre de la misma manera: con los chorros de agua y las porras. Nosotras respondíamos echando los garbanzos a los caballos (como nos enseñaron nuestros amigos) para a continuación salir corriendo, llenando la zona de batas azules. Los autobuses, en cuanto nos veían aparecer, nos esperaban para abrirnos las puertas y salvarnos de los maderos. Después nos dirigíamos a las tareas programadas, bien asambleas, manifestaciones, reuniones, etc.

La policía, buscando siempre la forma de impedir que se nos viera y que agitásemos toda la zona, comenzó a detenernos (o retenernos) y no se les ocurrió otra cosa que meternos en un coche y llevarnos a cualquier sitio alejado, por ejemplo, a Pitis, allí en medio del campo nos dejaban más tiradas que una colilla. No tuvimos más remedio que organizar la vuelta y que los compañeros vinieran a recogernos.

Lo de la caja de resistencia les debía tener muy preocupados, pues como ya comenté, para nosotras era fundamental y la verdad es que teníamos una cantidad importante de dinero (esto es más peligroso que cualquier acción, pues es solidaridad y compañerismo). Por eso les preocupaba tanto a la empresa, era una manera de que las trabajadoras se sintieran más libres para responder en sus casas y poder participar más tranquilas. Un buen día, la policía me detuvo y me llevó a la Dirección General de Seguridad (DGS) en la Puerta del Sol, lo que hoy es la sede de la Comunidad de Madrid. Allí, muchos compañeros que lucharon por la democracia en este país sufrieron torturas y donde más de uno no llegó a salir vivo. Pero en este país se borra la memoria para que las nuevas generaciones no sepan quiénes son y de dónde vienen.

Yo estaba embarazada y me acojoné bastante, pues aquello eran palabras mayores; me llevaron por unos pasillos oscuros hasta llegar a un pequeño despacho y me sentaron en el pasillo en un banco. Yo sabía lo que sucedía en ese edificio, por lo que estaba muy asustada. Cuando estaba ya lo suficientemente nerviosa, vino un policía y me hizo pasar al despacho.

—¿Cómo te llamas?

Les di mi nombre completo para que no me identificaran con Mari Jose Gallego.

—Josefa Gallego Martín.

—¿Qué sabes de la caja de resistencia?

—¿De qué?

—Vamos, no te hagas la tonta, ¿estás embarazada, no?

Según me decía esto, comenzó a darse golpes con el puño, una mano contra la otra.

—Es que no sé lo que me pregunta, no tengo ni idea de ninguna caja.

—Tienes que saber de dónde sale el dinero que les dais a las amiguitas.

—Pues es que yo no sé que se le de dinero a nadie.

En todo este rato me iban encendiendo cigarros, habanos, que yo me iba fumando, no sé cuántos serían, pero mientras fumaba no pensaba.

Finalmente, después de unas cuantas horas, me dejaron salir. Cristina Almeida ya estaba haciendo gestiones para sacarme de allí.

Creo que en mi vida había pasado tanto miedo.

Las negociaciones con la empresa a cuenta de los cuatro despedidos estaban estancadas, pues se negaban rotundamente a readmitirlos. El resto de las reivindicaciones avanzaban con más fluidez, ya que la empresa admitía la continuidad de las negociaciones una vez normalizada la actividad con la vuelta al trabajo.

Asamblea en la Paloma
(22 de febrero de 1977)

Finalmente, la empresa aceptó la readmisión de dos despedidos.

Con esta propuesta hicimos una asamblea en los locales de la Paloma, donde asistimos 7.000 personas (una vez contadas las pesetas). Me imagino que entre los asistentes estarían también policías y chivatos de la empresa. Esa asamblea se desarrolló sin querer influir en la decisión de las compañeras. Creo que estábamos bastante cansadas y ya estaba flojeando la participación de la huelga, eran ya muchos días y esto no se veía hacia a dónde iba. Las compañeras tenían sus dudas, pero, ¿quién se atrevía a plantear dejar a dos compañeros en la calle después de una huelga tan larga?

La votación fue continuar con la huelga, pero eso ya no era posible. De hecho, a partir de ese día, la participación y la asistencia a las asambleas y actos fue disminuyendo

El 24 de febrero, la empresa, que ya sabía la situación y la baja moral de las trabajadoras, comenzó a enviar cartas haciendo un llamamiento a las incorporaciones. En la carta nos decían que las trabajadoras que estuviesen dispuestas a trabajar con normalidad lo comunicasen por escrito.

En esos momentos se comenzó a romper esa unanimidad, creando conflictos entre los trabajadores, familiares, incluso parejas. En las rutas de los autocares comenzaron las discusiones sobre si había que dejar la huelga y se creaba un mal ambiente. Por otro lado, los sindicatos y partidos intentaban suplantar a la comisión negociadora, parecía que les urgía terminar la huelga (de hecho, nos encontramos en un despacho negociando con un miembro importante de CCOO).

Algunas compañeras comenzaron a incorporarse al trabajo, y las huelguistas endurecimos los piquetes, creando rechazo y desconcierto, y dando argumentos para la empresa y las trabajadoras que querían incorporarse a trabajar.

La carta que a mí me llego básicamente tenía tres puntos definidos:

1. Me avisaban que no habían recibido mi solicitud de incorporación.
2. Me pedían que dijera si quería incorporarme pacíficamente.
3. Que, para ello, me daban un plazo de ocho días.

La asamblea había decidido no solicitar la incorporación para que la empresa se viera obligada a admitirnos en bloque, cosa que no sucedió. Muchos trabajadores solicitaron la entrada tal y como pedía la empresa.

La última reunión con la empresa

Ante esta situación, se planteó seguir negociando la entrada de los trabajadores.

A la última reunión con la empresa yo no pude asistir, ni a la asamblea definitiva que se realizó en una iglesia de Moratalaz. En ella no solo se decide entrar, sino que se admite la posibilidad de que la empresa pueda trasladar a compañeras a otros centros de trabajo. En esos momentos, el cansancio y desánimo nos impidió analizar esa situación. Los compañeros de fábricas grandes, que nos habían ayudado en la huelga y que estaban en CCOO, influyeron en la decisión de los trabajadores. En otra situación nunca hubiésemos aceptado que más de 900 trabajadores, los más combativos, se quedasen fuera de la sede de Tomás Bretón.

La prensa de Madrid cuenta el final del conflicto

Julio Fernández, en El País, cuenta:

Termina la huelga de Induyco

Los 850 últimos huelguistas de Induyco decidieron ayer, durante el transcurso de una asamblea celebrada en una iglesia de Moratalaz, aceptar la propuesta de la empresa y terminar así la huelga que ha durado más de un mes. La reincorporación al trabajo, prevista para hoy, se efectuará después de que cada trabajador firme la carta enviada por la empresa en la que se compromete a someterse a la disciplina laboral. A cambio, no se producirán sanciones ni represalias contra los afectados en el conflicto.

La propuesta de la empresa consiste en no aplicar sanciones y negociar las reivindicaciones referentes al comedor y a la creación de comisiones mixtas de trabajadores y empresarios que vigilen por la no indiscriminación en las categorías profesionales y el desarrollo normal de la producción. Sin embargo, la empresa no ha aceptado ni readmitir a los cuatro despedidos que originaron el conflicto, ni considerar la dimisión de la junta sindical, otro de los puntos planteados por los huelguistas. Además, se reserva el derecho de efectuar trasladados de personal, aunque dentro de la provincia de Madrid. En el balance de la huelga se recuentan unas 100 detenciones, multas gubernativas, la pérdida del salario de más de trein-ta días y los heridos producidos durante los enfren-tamientos, tanto entre huelguistas y fuerza pública, como entre trabajadores y elementos incontrolados.

Pese a ello, trabajadores de Induyco afiliados a Comisiones Obreras consideran que el resultado de la huelga no es desalentador.

Aunque no se hayan conseguido las reivindicacio-nes iniciales, es importante el hecho de que el con-flicto haya terminado sin sancionados, pese a que el contenido de la huelga ha sido de marcado carácter político.

Sin embargo, otras trabajadoras consideran que la lucha ha sido un fracaso, según manifestaron du-rante una rueda de prensa celebrada ayer en Ma-drid. Estas mismas empleadas añadieron también que parte de este fracaso es debido a la actuación de las centrales sindicales, que, en su opinión, no han actuado con toda la fuerza de presión que merecía el conflicto de Induyco. Los representantes de CCOO respondieron que su central, tras analizar la huelga, llegó a la conclusión de que la mejor manera de pre-

sionar sobre la empresa era haciendo una campaña contra las ventas de El Corte Inglés (principal cliente de Induyco), para cuyo fin se imprimieron y repartieron 50.000 carteles.

Respecto a la jornada de lucha convocada por la COS en solidaridad con los huelguistas, estos manifestaron que la convocatoria "se hizo tarde y mal", mientras que los representantes en la rueda de prensa de Comisiones afirmaron que, "en Madrid, resulta extremadamente difícil sacar adelante una jornada de lucha cuando no se trata de defender reivindicaciones económicas propias de cada fábrica o sector o, en todo caso, en protesta por los asesinatos o las medidas económicas".

El País, 25 de marzo de 1977

De los trabajadores que en esos momentos seguíamos en la calle (unos 900) no volvimos a reincorporarnos en las instalaciones de Tomás Bretón.

En esos momentos, a mí particularmente no se me ocurrió la posibilidad de que esa negociación estuviese acordada con CCOO, pero lo cierto es que no todos los trabajadores que estábamos en la calle fuimos a esos nuevos centros. Hubo afiliados a CCOO que sí que se reincorporaron a Tomás Bretón.

Ni que decir tiene que, después de estos acuerdos, Induyco nunca más volvió a ser una empresa luchadora. Cuando los trasladados fuimos a pedir solidaridad a los compañeros, pero no se nos apoyó.

Los partidos y las relaciones

El 14 marzo terminó nuestra huelga. Esa Semana Santa sería legalizado el Partido Comunista de España.

En esos momentos había cantidad de partidos y sindicatos, todos ellos a la caza de nuevos afiliados y dirigentes. Las trabajadoras de Induyco eran un buen filón, por lo que en las puertas de la empresa había captadores de todas las variantes y así se fueron creando diferentes grupos en las puertas y en las diversiones.

Del grupo de independientes muchas nos afiliamos a CCOO, aun con nuestras discrepancias, era el que parecía más serio y organizado, o eso nos pareció en aquel momento. Pero también a CNT, PT, USO y otros, muchos se quedaron siendo críticos de Comisiones por muchos años, aunque ahora parezca que son los de toda la vida.

Nuestro grupo, a pesar de todo, seguimos funcionando de forma casi independiente; realizábamos acampadas, charlas, nos fuimos a unas maravillosas vacaciones por Andalucía, haciendo autostop y otras locuras. Salíamos por las noches a locales donde cantaban los cantautores de la época, que nos enseñaban canciones como esta (No me llames extranjero). Paqui, mi chica preferida, se haría amiga de un montón de ellos: Rafael Amor, Sabina, Pablo Guerrero, Luis Pastor, entre otros. Con Andrés Criado, gran amigo y compañero, todos los días tomábamos nuestro café y chupito de anís en un bar de la calle Delicias. Las relaciones entre compañeros eran casi de hermanos, nos queríamos y defendíamos, ayudándonos a avanzar socialmente.

La solidaridad recibida por parte de los trabajadores en general fue impresionante. Creo que la presión de las grandes empresas del polígono industrial de Méndez Álvaro fue muy importante, tanto en el desarrollo del conflicto como en la negociación final, pero el costo para los más de 900 trabajadores fue excesivamente alto.

En un estudio de Pilar Díaz sobre el textil ("Induyco modelo de resistencia y lucha") escribe: "Fue un conflicto duro, muy largo. Los sindicatos, primero ilegales y luego ya legalizados, no se interesaron especialmente por el tema y esto fue en buena parte el motivo de su fracaso."

Fue una lucha dura que ganamos a medias. La mayoría de lo conseguido se mantuvo. Más de 7.000 trabajadores lo disfrutaron, pero también fue a costa de que más de 900 fueran desterrados de la fábrica central.

Y, sobre todo, Induyco nunca más volvió a ser esa empresa luchadora y de vanguardia.

El capitalismo no perdona.
La venganza de la empresa

Como comentaba, Induyco era reflejo de la situación política del país. Así, todos los partidos y sindicatos estaban representados en ella y todos ellos estaban presentes en la nueva ubicación, fundamentalmente en la calle de Rufino González. Allí estábamos concentrados los que más habíamos participado, sobre todo organizativamente, y con más ideología.

Nuevas ubicaciones de los trabajadores

Me imagino que la empresa fue planeando su venganza en pleno conflicto, pues tuvo que adquirir y adecuar tres nuevas fábricas para trasladar a los trabajadores y jefes que iba a castigar.

Los centros estaban preparados para castigar por orden de participación y protagonismo en las luchas que habíamos llevado a cabo a lo largo de los tres últimos años. Pero también vio la oportunidad de quitarse de en medio a trabajadores que no tenían nada que ver con las luchas, y a los jefes y encargados, que por alguna razón no les interesaba mantener en Tomás Bretón.

Parece ser que, por ejemplo, en Aravaca era el trato más suave, pero realmente se usó para hacer depuraciones, algunas compañeras fueron despedidas, otras no soportaban la situación y se despedían ellas mismas y otras fueron trasladadas a Tomás Bretón, las que según ellos, estaban "curadas".

El taller de la calle Valentín Llaguno, fue el más estable, teniendo una producción normalizada, aunque también los despidos seguían cumpliendo el papel de depuración. Persiguiendo a los trabajadores "que no se curaban"

Sin embargo, el taller de Rufino González fue desde el primer momento, el más represivo, y donde concentraron a los trabajadores, más implicados y politizados.

Los nuevos centros estaban situados en Calle Aravaca (distrito Moncloa), Calle Rufino González (distrito San Blas-Canillejas) y Calle Valentín Llaguno (distrito Carabanchel).

A los trabajadores les asignaron el centro de trabajo

en función del grado de participación, pero también de la afección o sumisión a la empresa.

Para los encargados y jefes fue otro tipo de represalia, según el grado de deterioro social y mental, quizás también el grado de participación en la represión hacia los huelguistas.

Traslado a Rufino González

A mí me trasladaron a la calle Rufino González (San Blas-Canillejas), polígono industrial de Julián Camarillo, con más de trescientos compañeros. Todos los partidos y sindicatos de la época estaban presentes en esta nueva fábrica.

Yo esa zona la conocía, puesto que había trabajado en Triumph y otras empresas. Además, ese barrio fue donde yo viví desde mi llegada a Madrid (años sesenta) hasta que me casé en 1974, que me marché a Carabanchel. Vivía donde hoy está situado el estadio del Atlético de Madrid Wanda Metropolitano, entonces llamado barrio de las Musas.

No recuerdo exactamente el día de la incorporación, ni la llegada a este centro, pero sí de la desolación que sentimos. Aquello era un tallerzucho, con un patio a la entrada y una nave con máquinas colocadas de cualquier manera. Acostumbradas a una gran fábrica, donde había vida, lucha y alegría, aquello era un destierro terrible.

Ese taller, como comentaba anteriormente, estaba creado para el castigo no solo de los trabajadores que habíamos luchado a brazo partido, sino también para aquellos que la empresa, por alguna razón, les parecía que tenía que castigar.

La dirección y los mandos intermedios también eran represaliados de alguna manera, estaban amargados y por mucha sumisión a la empresa ya no eran de nadie, ni los queríamos los trabajadores, ni la empresa a la que servían como esclavos.

El "señor" Guillermo Peralta, bastante deteriorado y visitante de bar, era el jefe de personal; Ángel Alcalá (que tenía fama de mujeriego) encargado de taller; Paquillo era encargado de cadena, bastante deficiente en su trabajo, además de machacar a los trabajadores de la huelga.

Lo primero que vimos fue un taller pequeño, de una sola

planta, donde estaban unas máquinas de coser puestas de cualquier manera, una máquina de café, otra de refrescos... y nada más. No vimos que tuviéramos tareas para realizar, no había prendas para montar; tardaron meses en que llegara trabajo. Lo peor que le puede ocurrir a un trabajador es que la empresa lo deje de brazos caídos.

Comienza la nueva lucha

Lo primero que hicimos fue una asamblea para determinar qué podíamos hacer. Decidimos ir al despacho de Peralta para plantearle la situación, pero ya nos dijo que "bueno, que ya lo comunicaría".

En estas circunstancias, volvimos a la asamblea para plantear nuestra situación. Después de debatir unas horas (no teníamos otra cosa que hacer) decidimos que lo primero y fundamental era que nos dieran tareas, ¡éramos trabajadoras! Decidimos que a la hora del bocadillo iríamos todos los días a Tomás Bretón para que los compañeros nos ayudaran. Fue una gran decepción, pues los compañeros nos daban largas y a veces ni salían a acompañarnos (no querían problemas). "recordemos que allí estaban los compañeros de otros sindicatos, a los que la empresa quería conservar" .Nosotras no desistimos y diariamente nos acercábamos a Tomás Bretón.

En Rufino González no solo estaban representados todos los partidos, también todos los oficios: había un carpintero de la fábrica de muebles de cocina de Valdemoro —Forlady, marca Corte Inglés— al que no conocíamos, mecánicos, diseñadores, oficinistas, etc. Decidimos que cada uno nos enseñara a hacer lo que sabían, nos pondríamos a realizar actividades lúdicas y creativas. El carpintero nos enseñó a hacer casitas de madera; como en esos momentos se estaba reivindicando la amnistía para los presos políticos, la decoramos con la reivindicación. También nos enseñaron a jugar a las cartas, otros nos enseñaron a hacer punto (yo me hice un jersey que me servía de camisón). Todos los días hacíamos asambleas y debates de la actualidad política, o comentábamos las novedades del día. Se ve que nos veían muy relajadas, y un día llegó una máquina de hacer punto, pero casi de juguete. Allí pretendían que se pusiera a trabajar un compañero que medía casi dos metros, era militante de la CNT, de los que se había significado y colaborado en la huelga, por supuesto que nos negamos a semejante vejación, montándole un buen pollo a Peralta. Por desgracia, ese compañero lo pasó mal. Después de muchas protestas y negociaciones, comenzaron a llevarnos algo de trabajo, pero el día que les parecía. A mí me ponían a trabajar cara a la pared, pero yo seguía en mi línea, pedía el trabajo o lo que me parecía a voces, también comenzaba a cantar canciones revolucionarias y le gritaba al encargado o jefe.

Por fin un día Peralta desapareció y apareció en su lugar Cueto, no recuerdo su nombre, que estaba como una cabra. El primer día que fuimos a hablar con él nos lo encontramos desnudo, sentado tipo indio encima de la mesa del despacho tocando una flauta. La sorpresa fue total, enviamos una queja a la dirección de Tomás Bretón, que nos concedió una reunión pero fuera de la empresa, nos tenían totalmente prohibido entrar en Tomás Bretón. Cuando comenzamos la huelga yo me dejé mis tijeras en mi máquina de coser en camisería, así que cuando nos avisaron de que nos trasladaban a otro sitio, me emperré en que yo necesitaba mis tijeras y que tenía que subir a por ellas. Finalmente, después de mucha negociación y una vez prometido que no hablaría con nadie, acompañada de un encargado subí a por mis tijeras. Fue la última vez que entré a Tomás Bretón.

La reunión creo recordar ue era por Arturo Soria,
así que el señor Cueto se ofreció a llevarnos en su coche, él también asistía.

Nada más sentarse y poner el coche en marcha comenzó a ponernos a parir, corría como un loco, dando voces. A las tres compañeras que íbamos nos tenía acojonadas, llegó un momento que le amenazamos con tirarnos en marcha del coche si no cambiaba su actitud.

En la reunión, por supuesto, expusimos la situación, exigiendo que ese señor no volviera más a nuestro centro.

En los dos largos años que permanecimos en Rufino González, las vivencias fueron muy intensas y originales. Aprendimos mucho y nos terminamos de conocer, para bien y para mal. En ese periodo se despidieron algunas compañeras. Después de casi tres años en el exilio, el día 17 de enero de 1980 recibimos una carta donde se nos comunicaba que, por necesidades de la empresa, debíamos incorporarnos el día 21 de ese mismo mes a la calle Valentín Llaguno, 32, en Carabanchel.

Otra etapa, otras luchas

Cuando nos incorporamos a Carabanchel, el número de trabajadores de Rufino ya había mermado entre despidos y "bajas voluntarias". La empresa, por su parte, ya había seleccionado a compañeras que se reincorporaron a Tomás Bretón y otras que se habían despedido.

Dos centros habían sido cerrados: Aravaca y Rufino González. A partir de ese momento, comenzó la verdadera limpieza.

En Valentín Llaguno, el jefe de personal era Julián Conejo. Realmente, no sabría cómo calificarlo; era un hombre muy serio, que nunca se alteraba, creo que se sentiría tan castigado como nosotras. No sé si volvió a Tomás Bretón.

Conmigo fue bastante paciente, pues fueron unos años complicados. Paquillo siguió de encargado con nosotras y no recuerdo más encargados. Yo seguía de delegada sindical, además teníamos la sección sindical de CCOO en ese centro. Seguíamos bien organizadas, pero ya existían otros sindicatos y se notaba que cada una teníamos nuestros intereses. Las trabajadoras comenzamos a situarnos y a tener nuestras diferencias y discusiones; el compañerismo anterior había desaparecido.

Llegamos menos de 300 compañeras, pues en Rufino ya se despidieron algunas trabajadoras y otras habían sido despedidas, pero el núcleo duro siguió dando guerra.

Aunque en Valentín Llaguno el trabajo estaba normalizado y los tiempos cronometrados, las condiciones no eran las mismas que en Tomás Bretón. Continuamente teníamos que andar protestando por las condiciones de trabajo y el trato. Como ya he comentado, Paquillo seguía como encargado de cadena. Yo creo que nos tenía odio de clase, así que le daba por cambiarnos las máquinas cada dos por tres días, dificultando el trabajo. Las reuniones con la empresa, a pesar de tener comité de empresa y comité intercentros, no daban resultados, el ambiente estaba muy deteriorado, las compañeras se despedían o las despedían.

A mí me seguían persiguiendo con expedientes y sanciones. El primer expediente disciplinario en el nuevo taller me lo pusieron el día 7 de abril; el motivo se lo buscaban, o llegaba tarde o había faltado una hora, cualquier cosa valía.

Se atacaba a los trabajadores con despidos y sanciones, los abusos por parte de la empresa fueron insoportables en los dos años y pico que permanecí en Valentín Llaguno. No podría recordar las noches que nos encerramos por despidos o sanciones de compañeras. Creo que a la empresa igual hasta le venía bien, pues tenía otro motivo para seguir despidiendo.

Continuamente estábamos en los juzgados por despidos o sanciones. La empresa creaba unas condiciones de trabajo durísimas y aleatorias, con tratos discriminados hacia los trabajadores.

Yo seguía siendo del comité de empresa; desde que fui elegida en la Comisión de los Cinco hasta el día que me marché, seguí representando a los trabajadores.

Para hacernos una idea de la situación que teníamos, basta con mirar una de las sanciones "leves" que me puso la empresa el día 23 de septiembre de 1980. La acusación fue falta de puntualidad, llegué a acumular 21 días de sanciones desde el mes de enero hasta junio, entre tres y cuatro días cada mes. El motivo real es que nos íbamos a la puerta de Tomás Bretón a protestar o a repartir hojas informativas y llegábamos tarde.

Por días de huelga o paros sin comunicar a la empresa tengo otro montón de sanciones.

Otra amonestación fue la del 10 de abril, avisando de que el paro realizado el día 26 de marzo era ilegal por no avisar a la empresa. El 1 de octubre vuelvo a ser sancionada por faltar al trabajo injustificadamente. Cada sanción era a consecuencia de algún despido de un compañero. El 12 de junio de 1982 me avisan de que debo informar a la empresa cuando haga uso de las horas sindicales. Realmente teníamos un conflicto. Ellos querían controlar mis ausencias y yo no me dejaba. A Paquillo, (bastante inculto) cuando tenía que ausentarme por motivos sindicales, le informaba siempre con el Estatuto de los Trabajadores en la mano; le leía a medias el artículo y, cuando se daba cuenta, me llamaba al orden. Finalmente, decidimos avisar solo cuando las salidas fueran para ir a reuniones con la empresa.

El día 26 de marzo se convocó un paro más, que por cierto se llevó a cabo en el horario de descansó.

En esta ocasión la empresa envió, al Comité de Empresa y a cada trabajador, el siguiente escrito; Que fue contestado por cada uno de los trabajadores y por el Comité de Empresa.

Madrid 30 de marzo de 1981
A LA DIRECIÓN DE LA EMPRESA
El Comité de Empresa de Induyco, como repre-

sentante legal de los trabajadores de Induyco, ma-
nifiesta su desacuerdo con las cartas que su ase-
soría Jurídica se han enviado a los trabajadores
que secundaron el paro que fue convocado por este
Comité de Empresa y aprobado en la asamblea por
los trabajadores y que tuvo lugar el 26-31981 desde
las 11:45 horas a las 12 horas. Considerando que
el mismo no tiene que ser motivo de alegación de
ningún tipo por ser derecho que se nos reconoce en
la constitución. (Art, 28/2) Les saludamos atenta-
mente

También cada trabajador envió el siguiente escrito:

ASESORÍA JURIDICA INDUYCO.
TOMAS BRETON, 62. MADRID.
En contestación a su carta certificada fechada el
23/03/1981, Declaro haber participado en el paro
que, convocado por el Comité de Empresa y votado en
asamblea, se llevó a efecto el 26/03/1981 desde las
11:45 h a las 12:00h, en ejercicio de uno de los dere-
chos que me es reconocido en la Constitución Espa-
ñola (art, 28/2, Aprobada en Referéndum del Pueblo
Español el 6/12/1978.
Le saluda atentamente.
Madrid 30 de marzo de 1981

Ese mismo año en el mes de junio también pedimos la
dimisión del jefe de producción.

A LA DIRECCIÓN DEL CENTRO
VALENTIN LLAGUNO
El Comité de Empresa, e, nombre de los trabajadores abajo firmantes,

pedimos la dimisión del jefe de producción Sr, Agustin Alonso, por los hechos ocurridos el 29 de mayo de 1981 (Posteriormente a este escrito se le pasará uno a la Empresa otro de forma detallada de cómo ocurrieron los hechos). Estando en desacuerdo con su comportamiento continuado y repetidas provocaciones, alguna de ellas ya denunciadas.

Esperando su pronta resolución Atte.

Madrid a 2 de junio de 1981

Ese mismo año en el mes de junio también pedimos la dimisión del jefe de producción. Cada vez el ambiente era menos respirable, a pesar de eso todavía el último convenio del año 1981, se siguieron manteniendo, aunque ya con algunos recortes las mejoras conseguidas. Este es el último convenio en el que participé y donde ya las fuerzas de Tomás Bretón estaban mermadas. El comité de empresa de Tomás Bretón, en un comunicado a los trabajadores, reconoce la falta de asistencia a las Asambleas. Posteriormente el sindicato FETICO, que representaba a la Empresa, comenzó a sacar delegados hasta hacer desaparecer a los sindicatos anteriores. Además, consiguieron que Induyco se comenzara a regir con el Convenio Nacional del Textil.

En Madrid, a veinte de mayo de mil novecientos ochenta y uno, se reunieron, de una parte, la Comi-

sión Negociadora del Comité de Empresa de Industrias y Confecciones, SA., y de otra, la Representación de la Dirección de la misma empresa. Después de varias reuniones se llegó a los siguientes acuerdos:

1.- SALARIO

Se acuerda que sobre los salarios al 31 de diciembre de 1980 incrementado al 0,18% de la revisión del 2º semestre del pasado año, se aumenta un 11,75% en concepto de subida salarial de 1981

Se acuerda una revisión en 1º de julio que se llevará a efecto en la cuantía y en la forma prevista en el Convenio Nacional de la confección vigente.

14x22 (2).indd 97

2,- EXCEDENCIAS

Se acuerda que, al 31 de agosto próximo, se habrán de tener reincorporadas a sus puestos de trabajo, al menos el 75% de los trabajadores que en uso de su derecho a excedencia venían disfrutándolas y han solicitado su reincorporación en tiempo y forma antes del 20 de mayo.

3,- ALTAS Y BAJAS EN LA EMPRESA

La Empresa facilitará al Comité en los meses de Abril, Julio, Octubre, y Enero el número de bajas y altas que se hayan producido en la misma referido al trimestre anterior.

4,- SISTEMA DE PROMOCIÓN

En breve plazo se negociará un sistema que regule la promoción en la Empresa, basado en criterios de capacidad y antigüedad en caso de igualdad de méritos, con participación del Comité en su elaboración y control.

5,- CURSILLOS

En ningún caso la Empresa exigirá a los trabajadores asistencia a los cursillos y ferias en horas fuera de jornada laboral.

6,- AYUDA ESCOLAR

La Empresa aumentará la ayuda escolar en un 11.75%

7,- AYUDA A SUBNORMALES

En el mismo porcentaje del 11.75% se verá incrementado el fondo para ayudas a disminuidos psíquicos, físicos, y sensoriales.

8,- TRANSPORTE

La Empresa abonará por en concepto de transporte contratados el 11.75% de lo establecido para el año 1980.

9.- ENFERMEDAD

Por este acuerdo se pacta que durante el año de 1981, la Empresa abonará, como máximo, al personal que presente justificante de enfermedad el importe correspondiente a 4 días al 50% del salario.

10,- PRESTAMOS DE VIVIENDA

La Empresa facilitará información exhaustiva sobre todos los préstamos de viviendas concedidos.

Como podemos comprobar las condiciones y las reivindicaciones bajan ostensiblemente.

El golpe de estado del 23-F

Yo militaba en Comisiones Obreras, pertenecía a la ejecutiva del textil de Madrid. A mí me gustaba el contacto directo con la realidad, seguir siendo una trabajadora normalizada y por esa razón —nunca estuve liberada— me gustaba trabajar y estar con mis compañeras de fábrica.

Normalmente iba a las reuniones del sindicato sola, pues aunque ya tenía un hijo, lo normal era compartir las tareas con mi compañero, procurando que no nos coincidieran nuestras reuniones. Sin embargo, ese día, no recuerdo por qué, me llevé a mi hijo. Cogí un taxi y el taxista, sin motivo alguno, comenzó a decir cosas como "estos rojos cabrones se van a enterar, no va a quedar ni uno". Como estaba ya en el paseo del Prado, le dije que parase, pues estaba acojonada, me bajé y corriendo llegué a la calle Lope de Vega. Allí me pusieron al corriente de lo que pasaba, así que con las mismas, me volví a mi casa. Recogí los papeles que pudieran comprometernos, pues rápidamente me vino a la cabeza lo que le había oído a mi madre del golpe de Franco, pero mira por dónde, me dejé justo en el mueble del comedor que estaba nada más entrar en la casa, el carnet del PCE.

Por supuesto, toda la noche anduvimos por ahí, pero hasta que no se supo el final, no nos atrevimos a ir a la fábrica.

Por la mañana, ya un poco más clara la situación, haciéndonos las valientes, nos pusimos a repartir hojas en la zona del polígono industrial de la ISO.

Al entrar a la fábrica, Paquillo, que siempre estaba dando por saco, tenía por fin una oportunidad. Al verme entrar y con bastante odio, me dijo: "Hija de puta de la que te has librado, si te pillo ayer no lo cuentas". No recuerdo exactamente lo que le contesté, pero me imagino que nada bonito.

Despidos

Los despidos se sucedían con bastante frecuencia por infinidad de razones, algunas sin sentido, pero cada vez era más normal, y en cada despido había siempre contestación con paros, encierros, o cualquier otra acción contundente, lo que generaba más despidos.

El último despido al que asistí, y que para mí fue definitivo, fue el de Manolo, me parece recordar, que era mecánico. Manolo, un buen día, dio una patada a la máquina del café o de la bebida y le despidieron. Lógicamente, nos fuimos al despacho y comenzamos la protesta, planeando quedarnos encerradas una vez más toda la noche. Los encierros nocturnos eran aparatosos; tirábamos cuerdas por las ventanas para que nos subiesen la comida familiares o compañeras, que por alguna razón no se encerraban.

El jefe de personal Julián Conejo me llamó por la mañana al despacho y me dijo que me escondiera. Cuando llegó el despedido, tan contento diciendo lo bien que lo había hecho, y que cuándo le daban la pasta.

No podía creer lo que estaba pasando, no podía ser verdad lo que estaba escuchando, era superior a mí. Podía soportar todo lo que me hiciera la empresa, las broncas sindicales con mis compañeras, incluso las zancadillas de mis propias compañeras del sindicato o de otras organizaciones. Pero que los trabajadores nos estuvieran traicionando de esa manera, no me lo podía creer. Habíamos sufrido lo indecible, la empresa nos maltrataba, nuestros compañeros de Tomás Bretón pasaban de nosotras, pero esto superaba todo. Conocíamos los despidos pactados, ya alguien los había utilizado. Pero esto era muy fuerte, eso suponía que los trabajadores se habían venido abajo y que la empresa los estaba utilizando para deshacerse de nosotras. Claro, ahora entendía, ¡en cada paro se negociaba otro despido!

Yo ya estaba al borde de la desesperación, las peleas con las compañeras, las zancadillas, la falta de apoyos desde Tomás Bretón, estaba agobiada, esto era el remate. Me fui a hablar con una compañera, la Leona, con la que tenía mucha confianza y buena relación, y le comenté lo que había pasado, pues no quería que corriera la noticia por la empresa confesé que yo me despedía, que iba a llamar a Tomás Bretón y me marchaba.

Con gran pena y amargura, aunque con la "satisfacción" de ser yo la que los dejara, pues ellos nunca consiguieron despedirme. Llamé a Tomás Bretón y sé que les di una gran alegría, no tardaron ni un segundo en decir que encantados. Sin embargo, la sensación que tenía era de abandonar a mis compañeras, de rendirme ante la empresa, lo lloré mucho. Es verdad que no fui la primera ni la última que se marchó negociando con la empresa.

A cada una le llegó el día en que ya no podía aguantar más y se marchaban a otras profesiones, incluida la Leona, que también terminó marchándose, y Andrés y otras muchas compañeras y compañeros; aquella situación era ya imposible de soportar. Las que sobrevivieron, no sé cuántas, con el tiempo fueron trasladadas a Tomás Bretón. Ese fue mi final en la empresa, esa empresa en la que con tanto empeño e ilusión luché y en la que con mucho tesón conseguí quedarme

Nunca me arrepentiré de haber luchado con todas mis fuerzas para defender mis derechos y los de mis compañeras. Siempre recordaré los años vividos, las luchas, las amistades, las vivencias, lo que aprendí. Sin todo ello, hoy no sería la mujer que soy.

Unos años después, todo el personal de Valentín Llaguno sería reincorporado a la calle Tomás Bretón. (Algunas compañeras se incorporaron al comité de Empresa y se mantuvieron en el hasta su jubilación) La empresa ceso la producción en el 2021, quedando solo un taller de modelos con unas 1.000 personas a la espera de la jubilación. Todo el imperio construido por Ramón Areces desapareció, y casi todos los edificios están alquilados.

Induyco Madrid desapareció. Las últimas 300 trabajadoras, pasaron a pertenecer al Corte Ingles.

Presentación Teruel, La Huelga de las Niñas de Inuyco
1ª Edición

Otros lugares

Las trabajadoras de Induyco Teruel mantuvieron unas luchas importantes por sus derechos, como trabajadoras y como mujeres. Pero también le llegó su final.

NOTICIA ACTUALIZADA - 16/10/2016 A LAS 06:00
Confecciones Teruel, la empresa que fue buque insignia de la industrialización de la capital, cierra sus puertas. La compañía textil, filial del grupo Induyco, ha suspendido la producción esta semana con una plantilla de once trabajadores y, previsiblemente, el próximo día 21 bajará la persiana defi-

nitivamente con sus últimos cuatro trabajadores en nómina.

La desaparición de la compañía textil se anunciaba desde hace varios años debido a la pérdida de competitividad respecto a las plantas radicadas en países de costes laborales inferiores, como Marruecos o China, donde Induyco también dispone de factorías. La empresa justifica el cierre ante sus empleados por las pérdidas que genera la fábrica turolense. La factoría, situada a las afueras de Teruel, abrió sus puertas 1975 y llegó a contar con un máximo de casi 700 empleados, la mayoría de ellos mujeres. El punto álgido de personal, un récord histórico en la ciudad se alcanzó entre finales de los años setenta y principios de los ochenta. Desde entonces, las contrataciones han ido descendiendo hasta el triste desenlace actual.

La mayoría de los últimos once trabajadores han sido despedidos a lo largo de la última semana y, ya solo quedan en plantilla el director de la planta, el responsable de prevención de riesgos laborales, una secretaria y una limpiadora. Serán los testigos del cerrojazo, previsto para el próximo viernes.

Adiós a Confecciones Teruel, la empresa que llegó a tener la mayor plantilla de la ciudad

La fábrica, que alcanzó los 700 empleados, ha suspendido la producción con 11 trabajadores en nómina y la próxima semana cerrará definitivamente sus puertas.

Presentación Cáceres
"La huelga de las niñas de Induyco" 1ª edición

18 EXTREMADURA CÁCERES

Viernes 17.05.24
HOY

María José Gallego presentó su libro sobre las huelgas de Induyco con trabajadoras de la fábrica de Cáceres. ARMANDO MÉNDEZ

Asunción Torres revisa los «huecos» en su vida laboral en 33 años de trabajo en Induyco, la fábrica de confección que El Corte Inglés abrió en Cáceres en el año 1976 y que cerró definitivamente en 2021. Esta antigua trabajadora textil cacereña envía a esta periodista una foto de un papel cuadriculado con el meticuloso recuento: hay varios días en 1979, muchos en la década de los 80, uno en los 90 y los últimos en 2002. Todos corresponden a distintas jornadas de huelga, incluida una general, en la que paró para reivindicar mejoras. Días sin sueldo, perdiendo dinero para alzar la voz.

Ayer Asun fue una de las mujeres que acudió a la presentación en Cáceres del libro 'La huelga de 'las niñas' de Induyco', un acto organizado por Podemos Cáceres en El Corral de las Cigüeñas en el que su autora, la extremeña María José Gallego, dio a conocer una obra en la que detalla la lucha de las trabajadoras de esta planta industrial, que llegó a tener 18.000 trabajadores en sus cuatro sedes (Madrid, Sevilla, Teruel y Cáceres), un 90% mujeres. En la capital cacereña llegaron a estar en nómina cerca de 1.000.

Gallego relata cómo las movilizaciones de 1976 y 1977, centradas sobre todo en Madrid, consiguieron logros concretos como mejoras salariales y de condiciones, pero también que su voz femenina se tuviera en cuenta. «Éramos trabajadoras todas muy jóvenes, las había de 15 años», cuenta Gallego, que fue representante sindical en la empresa. «Fue una huelga muy represiva, la Policía nos castigaba bastante, nos llevaba las tanquetas de agua y daba igual que fuéramos mujeres y fuéramos jóvenes». Aproximadamente 7.000 mujeres participaron en estos paros. En el 77 España vivía un momento complejo. «Era un momento políticamente convulso», indica la autora, que tiene 74 años. De esa lucha, que duró dos meses, se logró que no hubiera despidos y que se aprobara una tabla de reivindicaciones con varios puntos, entre los que se incluyó guarderías para los hijos.

«Nosotros en esa huelga no podíamos participar, porque acabábamos de entrar, vinieron a informarnos, estuvieron por aquí con nosotros y se nenba que estaban aquís, cuenta Asun, la trabajadora de Cáceres. «Deltuvieron a varios por la zona de la Plaza», relata. Fue pocos años después cuando la fábrica de Cáceres empezó a movilizarse, y hizo también con ímpetu, de manera visible. La chispa de Madrid se había transmitido. «Era una época en la que había mucho

Las 'niñas' de Induyco, feministas «sin saberlo»

Derechos laborales. La extremeña María José Gallego presentó ayer un libro en el que rememora las luchas sindicales de las plantas textiles de El Corte Inglés

CRISTINA NÚÑEZ

paro, las protestas nuestras nunca las entendió la gente de aquí de Cáceres porque veníamos de una época en la que no existía, sólo se pronunciaban de vez en cuando por los estudiantes, nosotras teníamos mucho brío, no sabíamos lo que era el feminismo pero lo reivindicábamos». Asegura Asun que pese a ser la mayoría aplastante las mujeres, «los hombres les reconocían la categoría profesional nada más entrar haciendo el mismo trabajo».

Control

En Induyco las mujeres «trabajaban a destajo, controladas y cronometradas bajo una presión inaguantable», señala la autora del libro. Existía una figura laboral que desempeñaban solamente los hombres, los cronometradores. «Era un puesto muy represivo», que controlaba el tiempo en el que se elaboraba cada pieza. Trabajar a destajo supone que a un trabajador se le paga por completar una tarea, independientemente del tiempo invertido en su realización. «Tenían además la maldad que cuando tú habías conseguido llegar al tope que te habían cronometrado y cobrar el destajo, te cambiaban la tarea con estabas haciendo y se la daban a

TESTIMONIOS

Asunción Torres
Extrabajadora

«Nuestras protestas nunca las entendió la gente de Cáceres, veníamos de una época muy difícil»

Olimpia Salas
Extrabajadora

«Éramos unas niñas, pero formamos el comité y nos hicimos fuertes para luchar por nuestros derechos»

otra persona que no tenía experiencia para bajar los precios continuamente». El régimen de trabajo era casi esclavista. «Tenías que pedir permiso para ir al baño, te dejaban solo cinco minutos». Igual que Asun, María Jesús Gallego considera que estas mujeres hicieron un feminismo casi intuitivo. «No solo peleábamos por nuestros derechos laborales sino también por nuestros derechos como mujer, queríamos la independencia de nuestros padres, de nuestros maridos, nuestra cuenta corriente en el banco, no estábamos preparadas ni sindicadas en ese momento, fuimos muy atrevidas, fuimos muy valientes y a partir de ahí empezamos a ser feministas de verdad, yo siempre digo que la mejor época de mi vida fue esa».

Al acto de ayer también acudió

Olimpia Salas, que trabajó 30 años en la planta de confección cacereña, desde sus orígenes en la calle Alfonso IX. «Éramos unas niñas, no sabíamos cómo funcionaban las cosas, pero pasó el tiempo, en dos o tres años nos pusimos al día y formamos el comité de empresa, íbamos a las reuniones y Madrid y aprendimos bastante. Cree que la movilización que se produjo en esta empresa se transmitió también al resto de la ciudad. «A raíz de que nosotras empezáramos a luchar se unieron también muchas empresas». Reflexiona sobre la importancia del tejido industrial, que genera un germen «de lucha».

Reunión

Lo de ayer en el Corral de las Cigüeñas, además de un acto social, se convirtió en un reencuentro de compañeras en donde proliferaron las anécdotas de esos años de fábrica y de convivencia. «El trato era muy duro», comentan varias, aunque a renglón seguido reconocen que los sueldos inicialmente eran buenos (13.000 pesetas en 1976) y que han trabajado muchos años.

Del poderío de Induyco ya no queda apenas nada. En Madrid solamente un taller que la firma Corte Inglés donde se hacen las muestras que se envían al exterior para que produzcan la confección textil, que se lleva a cabo en México, Marruecos, Perú y otros países, todos fuera de España, donde el precio es mucho más barato porque los derechos y las condiciones de los trabajadores están muy lejos de las de España.

Cristina Núñez. Diario HOY Cáceres

111

Comienzos de Induyco Cáceres

Antes de que se inaugurara el centro de producción de La Mejostilla, las distintas secciones de Induyco estaban repartidas por la ciudad: Plancha y Corte, en instalaciones de la Facultad de Veterinaria, y Confección y Máquinas, en talleres ubicados en las calles Santa Luisa de Marillac y Alfonso IX.

También estas compañeras tuvieron su gran lucha, Induyco era duro y hubo que arrancarle nuestros derechos por las bravas.

La avaricia del capitalismo no tiene sentimientos, con ese patriotismo farfullero y de banderas y poder, dejaron la industria textil completamente arrasada.

13/10/2020

Más de cuatro décadas de historia se apagan con el cierre de Induyco, que llegó a ser la mayor industria de la capital cacereña. El grupo El Corte Inglés, al que pertenece la fábrica (en la última etapa denominada Industrias del Vestido) ha puesto punto y final al proceso de desmantelamiento que venía realizando desde el año 2012. Ya solo quedaban 31 trabajadoras en la planta, que han sido despedidas. El cierre, anunciado hace justo un año y previsto para el mes de febrero, se ha acelerado precisamente por la crisis sanitaria.

Los ceses de contrato en Cáceres se llevaron a cabo en cuestión de días y desde el mes de julio, la que fuera una de las mayores fábricas de la ciudad, apa-

gó las luces para siempre. La planta comenzó siendo una industria textil, donde se tejían las prendas de la marca El Corte Inglés, pero en la última década había perdido su esencia y ya solo se dedicaba a labores logísticas, centradas en la recepción y el envío de mercancías a Bulgaria, Portugal y Marruecos, donde se confecciona ahora la ropa.

Precisamente esta ha sido una de las razones que han motivado el cierre, porque la fábrica ya no era operativa debido a que las labores que aquí se desarrollaban se han ido trasladando a otros lugares del mundo.

También estas compañeras tuvieron su gran lucha, Induyco era duro y hubo que arrancarle nuestros derechos por las bravas.

Sevilla corrió por supuesto la misma suerte y también consiguieron sus derechos a base de luchas. Pero aquí no se salvó nadie y Sevilla cerró sus puertas el año 2012.

Las niñas Induyco seguiremos siempre en todas las luchas

Por fin pongo por escrito lo que durante muchos años tenía en la cabeza. Alguna vez he hablado con alguna compañera que me comentaba que estos eran periodos de su vida que prefería casi no recordar. Pero para mí supuso una experiencia singular, quizás única, que además sucedió en un periodo de mi vida donde mi cerebro, mi cuerpo, mi formación, incluso mi desarrollo personal, estaba en ebullición.

En esos años conocí a los dos amores de mi vida, nacieron mis hijos y algo fundamental, aprendí a vivir, a ser mujer, a conocer y saborear mi pertenencia a la clase trabajadora, a valorarme como trabajadora, como mujer, como madre, como compañera y amante. Digamos que todo mi ser estaba en plena revolución.

No puedo olvidar las sesiones festivas, compartidas con compañeras y amigos. Mis primeras vacaciones ya casada, con mis compañeras y amigas por Andalucía.

En fin, esta es mi historia en los talleres de El Corte Inglés (INDUYCO S.A.). A lo largo de toda la narración he intentado ser lo más fiel posible a mis recuerdos, sin embargo, entiendo que después de 50 años, es normal cometer algún error.

Si, por suerte, algunas compañeras se animan a leerlo, ruego me perdonen si hay inexactitudes. Alguna vez he intentado que alguna historiadora se animara a escribir estas experiencias, pues creo que habrían tenido mucha más riqueza, siempre son mejores las memorias compartidas. Quizás también por eso se echen en falta cosas importantes, acciones, asambleas, que aportaría riqueza a esta historia.

Pero no pudo ser, por eso he querido solo reflejar las vivencias personales. Si alguien se siente aludido sin querer, lo lamento, he procurado dar los menos nombres posibles.

En cualquier caso, y con todo el cariño del mundo a todas y todos los que participamos, luchamos, disfrutamos y lloramos en esta lucha, un montón de besos. Para mí fueron años maravillosos, con muchas experiencias y también alegrías y sin sabores.

Finalmente, deseo repetir que fuimos niñas valientes, por encima de nuestra edad y experiencia, que no pudieron con nosotras, ni la policía, ni la represión del sistema, ni nuestros propios familiares. "Chicas, fuimos fuertes y divertidas".

LA LUCHA DE LAS MUJERES DE INDUYCO PERMANECERÁ EN LA HISTORIA.

ANEXO

La Policía desalojó a los trabajadores de Induyco

MADRID, 19 (DI6). —Las fuerzas especiales antidisturbios desalojaron ayer a un grupo de más de 600 trabajadores de Induyco, que se manifestaron por las distintas plantas de los almacenes de El Corte Inglés de Preciados, como protesta por la actitud de la empresa, que permanece cerrada desde el día 14 y mantiene su negativa de readmitir a los cuatro despedidos y a reconocer las reivindicaciones de los trabajadores.

Unos 5.000 empleados acudieron —como cada día— a ta del centro comercial, que fue dispersada por la Fuerza Pública. Los manifestantes se dirigieron hasta la plaza del Callao, donde se disolvieron poco después de las siete de la tarde.

La Unión Sindical Obrera (USO) expresó ayer su solidaridad con los trabajadores de Induyco, apoyando sus reivindicaciones laborales, manifestando su protesta ante la actitud tomada por la parte empresarial.

FIN DEL CONFLICTO EN CONFECCIONES PUENTE

El lunes se reincorporarán al trabajo el personal de Confecciones Puente, al acordar en la tarde de ayer aceptar la última propuesta de la empresa, consistente en sustituir los 44 despidos por respectivas sanciones de

PARA SOLICITAR EL BOICOT DE LOS COMPRADORES

LOS HUELGUISTA DE INDUYCO SE MANIFIESTAN EN LOS CENTROS DE EL CORTE INGLES

INDUYCO, S. A.

INFORMA

La Dirección de INDUYCO, S. A., al tener conocimiento de las diversas y contradictorias interpretaciones dadas por diferentes fuentes informativas que han opinado sobre la conflictividad laboral existente en sus instalaciones de Madrid, quiere precisar, y de modo especial aclarar suficientemente cara a la opinión pública, su postura ante los acontecimientos que han conducido al cierre indefinido de su fábrica.

[resto del texto ilegible]

El País, 28 de agosto de 1976

Y mil quinientos trabajadores de la empresa Industrias y Confecciones, Induyco, (talleres de confección de El Corte Inglés), que se habían encerrado a primeras horas de la mañana en la iglesia de Beata María, de Legazpi, fueron desalojados por la fuerza pública. El encierro se produjo en solidaridad con los siete trabajadores expedientados por la empresa, lo que ha producido un paro de 7.000 trabajadores, según informa el Servicio de Información Sindical. Por su parte, Fernando Zubiete, gerente de relaciones públicas de El Corte Inglés, ha declarado a EL PAÍS que Induyco no pertenece a El Corte Inglés y que solo fueron 627 los trabajadores que no entraron a trabajar.

Persiste el conflicto en INDUYCO

El País, 31 de agosto de 1976

Unas 3.000 trabajadoras de la empresa Industrias y Confecciones (Induyco) de Madrid, se concentraron en la mañana de ayer en las puertas de la fábrica con la intención de reincorporarse a sus puestos de trabajo y de negociar con la dirección de la empresa la readmisión de los despedidos, según informan fuentes laborales. Al encontrarse con las puertas cerradas, los trabajadores se dirigieron a la iglesia de la Beata María, en Legazpi, donde permanecieron en asamblea durante más de seis horas. Mientras, una comisión negociadora elegida por los trabajadores se desplazó a los locales de Induyco para dialogar con la dirección de la misma. Fuentes laborales afirman que la empresa se negó a entablar cualquier tipo de diálogo, así como a readmitir a los cinco despedidos y a suspender la apertura de expediente a otros siete trabajadores, integrantes de la anterior comisión negociadora.

K150 La huelga de 'las niñas' de Induyco

Persiste el conflicto en INDUYCO

El País, 3 de septiembre de 1976

En la tarde de ayer, las partes social y empresarial de Industrias y Confecciones (Induyco) de Madrid, mantuvieron, sin éxito, una reunión conciliatoria en los locales de la fábrica. Los representantes de los trabajadores plantearon a la empresa el levantamiento de los expedientes y la readmisión de los despedidos como condición indispensable para normalizar la situación laboral, a lo que la empresa, según fuentes laborales, se negó rotundamente.

Paro en INDUYCO

El País, 9 de febrero de 1977

Los trabajadores de Induyco, tras una asamblea celebrada a las once de la mañana, iniciaron un paro laboral hasta las cuatro y media de la tarde de ayer. El motivo de este paro, según informaron fuentes laborales, es la no readmisión por la empresa de cuatro trabajadores despedidos durante la reciente huelga que afectó a esta empresa. Induyco, según las citadas fuentes, se había mostrado en un principio favorable a la readmisión. En la denominada hora del bocadillo, el viernes y lunes últimos los trabajadores salieron a la calle por idénticos motivos, provocando algunas alteraciones del tráfico y profiriendo gritos de "readmisión en Induyco y dimisión de enlaces".

INDUYCO: El tribunal central de trabajo declara procedentes los cuatro despidos

Informaciones, 15 de febrero de 1977

El Tribunal Central de Trabajo ha declarado procedentes los cuatro despidos que efectuó Induyco a raíz de la huelga que atravesó la empresa el pasado mes de septiembre, según informan fuentes sindicales. La readmisión de estos cuatro despedidos ha sido el caballo de batalla de la huelga que ha venido manteniendo el personal de Induyco desde el pasado día 8 y que motivó el lockout de ayer. Pese a la situación conflictiva, la empresa mantiene el diálogo con la comisión negociadora, compuesta por el jurado de empresa y tres representantes elegidos por los trabajadores. Esta mañana, a la hora de entrar al trabajo, los trabajadores se concentraron entre las puertas de la fábrica. La Policía les invitó a que se dispersaran, cosa que hicieron pacíficamente. Por otra parte, ayer fueron, desalojados 300 trabajadores de Induyco, que habían entrado en el Corte Inglés de la calle de Preciados. El incidente estuvo motivado por la protesta del cierre de la empresa, tras la huelga que mantienen los trabajadores desde el día 8. Fuentes cercanas a El Corte Inglés han declarado a INFORMACIONES que los trabajadores de Induyco se limitaron a dar gritos e invitar a los clientes a que desistiesen de efectuar sus compras, sin que se produjeran daños materiales ni personales. El mismo portavoz indica que las fuerzas antidisturbios pidieron a los huelguistas que abandonasen el establecimiento, cosa que efectuaron pacíficamente en veinte minutos. Como medida preventiva se estableció un servicio de vigilancia en los demás centros de El Corte Inglés, en los que la normalidad fue absoluta.

Estacionario el conflicto en Induyco

El País, 17 de febrero de 1977

La huelga de los 7.000 trabajadores de Industrias y Confecciones (Induyco) permanece estacionaria, sin que los contactos mantenidos ayer entre su dirección y la comisión negociadora hayan avanzado en la solución a este conflicto, iniciado el pasado día 8, en apoyo de la readmisión de cuatro trabajadores despedidos en el pasado mes de julio. Los trabajadores exigen para la reincorporación al trabajo que sean admitidos sus cuatro compañeros despedidos, así como la dimisión del jurado de empresa, al cual no consideran representativo.

La huelga de INDUYCO continúa en punto muerto

El País, 18 de febrero de 1977

La dirección de Induyco (Industrias y Confecciones) espera que el número de trabajadores que solicitan en carta personal a la empresa la vuelta al trabajo sin condiciones (según informó un portavoz de aquella a EL PAÍS en la mañana de ayer eran ya 4.837 las solicitudes recibidas en este sentido) llegue a las 6.000 —lo que se espera para los próximos días— para considerar la reapertura de la factoría y la posterior vuelta al trabajo, escalonadamente, de las operarias en paro. Esta podría ser la solución al conflicto que la plantilla de Induyco comenzó el pasado día 8 en apoyo de cuatro compañeros despedidos el pasado mes de julio, si es que antes no se logra un acuerdo en las negociaciones que una representación de los trabajadores en paro y la dirección llevan a cabo, sobre la base de readmitir tan solo a dos de los referidos cuatro despidos.

INDUYCO abrirá mañana sus instalaciones

El País, 1 de marzo de 1977

Industrias y Confecciones (Induyco) abrirá sus instalaciones —cerradas por decisión de la dirección el pasado día 11— mañana, según acuerdo de la empresa adoptado tras estudiar las cartas recibidas de sus trabajadores, en las que estos "expresan su deseo de volver al trabajo sin condiciones". La dirección de Induyco mandó el pasado fin de semana más de 6.000 cartas a otros tantos trabajadores anunciándoles la reapertura de la fábrica. La reincorporación está prevista que se realice de forma escalonada: primero se reincorporan 6.000 trabajadores, luego otros 1.000 y, finalmente, 600.

Reincorporaciones e incidentes en INDUYCO

El País, 3 de marzo de 1977

La reapertura de las instalaciones de Industrias y Confecciones (Induyco) en la mañana de ayer, después de 17 días de cierre empresarial por el paro en que permanece su plantilla (unos 7.000 trabajadores) no ha conseguido romper la huelga en que persiste la mayor parte de la plantilla.

Nuevos incidentes y reincorporaciones en INDUYCO

El País, 4 de marzo de 1977

Violentos incidentes entre huelguistas y fuerza pública continuó ayer, por segundo día, la reincorporación paulatina de trabajadores de Induyco, hasta un total —según la empresa— de 3.650 personas, sobre una plantilla de cerca de 7.000. En el transcurso de los incidentes se produjeron algunos contusionados, y fueron practicadas diez detenciones —según confirmaron a EL PAÍS fuentes del Gobierno Civil—, entre ellas la de Andrés Criado, miembro de la denominada "Comisión de los Cinco", desconociéndose a la hora de cerrar esta edición su puesta en libertad. Según un portavoz empresarial, si se cumplen las previsiones de reincorporación escalonada, la normalidad en la plantilla de Incluyco será absoluta, a excepción de 600 personas dadas de baja y otras 700 que aún no han expresado su deseo de volver al trabajo.

Las centrales sindicales, al lado de los huelguistas de INDUYCO

El País, 5 de marzo de 1977

Incidentes entre trabajadores que querían reincorporarse a sus puestos y huelguistas, y enfrentamientos de estos con la Policía Armada, se repitieron de nuevo en el tercer día de reincorporación escalonada del personal de Induyco. En las primeras horas de la mañana —según la agencia Cifra— los trabajadores que querían entrar a la fábrica fueron concentrados en grupos de un centenar de personas en la plaza de la Beata María Ana siendo conducidos a la factoría con protección policial. En los enfrentamientos, siempre se- gún la citada agencia, fueron detenidas unas diez personas, a dos de las cuales se les ocupó octavillas referentes a conflicto Induyco y un sobre que contenía 17.000 pesetas con instruc- ciones para ser distribuidas entre los piquetes.

Huelguistas de INDUYCO se entrevistarán con el gobernador civil

El País, 6 de marzo de 1977

Los representantes de los huelguistas de Induyco —algunos de los cuales son buscados por la policía— se entrevistarán mañana con el gobernador civil, Juan José Rosón, para pedirle que interceda en la concesión de autorización para una asamblea que pretenden celebrar el próximo martes, en la Institución Sindical Virgen de la Paloma, los trabajadores de Induyco que persisten en el paro. Medios sindicales democráticos abundan en el contenido de esta entrevista con la autoridad gubernativa en el sentido de que de la misma podría salir la mediación que parece necesitar el conflicto en los términos que actualmente está planteado, con la reincorporación parcial de los trabajadores que integran la plantilla de Induyco, próxima a las 7.000 personas.

Acciones en solidaridad con INDUYCO

El País, 9 de marzo de 1977

En diversas empresas de Madrid tuvieron lugar ayer acciones, asambleas informativas en la mayoría de los casos, en solidaridad con los trabajadores de Induyco, atendiendo a la convocatoria de CCOO, UGT y USO. También, a lo largo del día, se repitieron los saltos de huelguistas en distintos puntos de Madrid, mientras la comisión negociadora no llegaba a ningún acuerdo con la dirección de Induyco.

Termina la huelga de INDUYCO

El País, 15 de marzo de 1977

Los 850 últimos huelguistas de Induyco decidieron ayer, durante el transcurso de una asamblea celebrada en una iglesia de Moratalaz, aceptar la propuesta de la empresa y terminar así una huelga que ha durado más de un mes. La reincorporación al trabajo, prevista para hoy, se efectuará después de que cada trabajador firme la carta enviada por la empresa en la que se compromete a someterse a la disciplina laboral. A cambio, no se producirán sanciones ni represalias contra los afectados en el conflicto.

La comisión de los Cinco

El País, 18 de marzo de 1977

La Comisión de los Cinco, órgano de negociación entre los trabajadores y la empresa Induyco, se entrevistó ayer en Madrid con el delegado de Trabajo, quién se comprometió a que el próximo día 24 estarían readmitidos los 400 trabajadores que aún no han recibido la carta de la empresa solicitando su vuelta al trabajo.

Violencia en una manifestación pro amnistía en IN-DUYCO

El País, 16 de diciembre de 1977

Enfrentamientos con la policía, barricadas y vio-lencias, fueron protagonizados ayer, en las zonas ma-drileñas de Princesa, Callao y Santo Domingo, por varios centenares de personas que se manifestaban en solicitud de amnistía laboral para los trabajadores despedidos de Induyco, firma dedicada a la confec-ción estrechamente vinculada a la cadena comercial de El Corte Inglés. La manifestación, que había sido convocada por todas las centrales a excepción de UGT, había sido programada después de la realización de distintas asambleas en días anteriores. La policía re-quirió a los manifestantes que se disolvieran, y al persistir estos en su actitud, se vio obligada —según fuentes oficiales— a cargar contra los concentrados. Algunos de los manifestantes se enfrentaron a la po-licía, dando lugar, durante algún tiempo, a violentos incidentes.